取材 · 执笔 · 推敲

書く人の教科書

写作的勇气

成为写作高手的训练手册

［日］古贺史健◎著

陆旭林◎译

机械工业出版社

CHINA MACHINE PRESS

怀着写一本"给写作者的教科书"的信念，作者创作了本书。或者更准确地说，"如果要办一所培训写作者的学校，那么我会希望有这样一本教科书"——这是写作本书的出发点。包括导言在内，本书共有 10 章，主要由"取材""执笔""推敲"三大部分组成，告诉我们什么才是写作真正的核心、完成作品前要经历的所有过程，以及通过文字传递信息时应具备的能力。同时，在本书中，作者还介绍了很多写作的方法，从写作的原理、原则、心态、技术到结构设计，带领读者掌握写作的真正核心！作者衷心地希望本书能够帮助到职业写作者和编辑，以及有志于此的人们，还有所有想要通过写作改变自己和世界的人，提高自身的写作能力。

Shuzai・Shippitsu・Suiko Kakuhito No Kyokasho

by Fumitake Koga

Copyright ⓒ2021 Fumitake Koga

Simplified Chinese translation copyright ⓒ2022by China Machine Press

All rights reserved.

Original Japanese language edition published by Diamond，Inc.

Simplified Chinese translation rights arranged with Diamond，Inc. through Shanghai To-Asia Culture Communication Co.，Ltd

北京市版权局著作权合同登记 图字：01－2021－4883 号。

图书在版编目（CIP）数据

写作的勇气：成为写作高手的训练手册／（日）古贺史健著；陆旭林译. —北京：机械工业出版社，2022.6（2024.7 重印）

ISBN 978－7－111－70823－0

Ⅰ.①写… Ⅱ.①古… ②陆… Ⅲ.①写作-手册 Ⅳ.①H05-62

中国版本图书馆 CIP 数据核字（2022）第 086358 号

机械工业出版社（北京市百万庄大街 22 号　邮政编码 100037）
策划编辑：坚喜斌　　　　　责任编辑：坚喜斌　蔡欣欣
责任校对：孙莉萍　刘雅娜　责任印制：李　昂
北京联兴盛业印刷股份有限公司印刷

2024 年 7 月第 1 版第 3 次印刷
145mm×210mm・10 印张・1 插页・221 千字
标准书号：ISBN 978－7－111－70823－0
定价：69.00 元

电话服务　　　　　　　　网络服务
客服电话：010－88361066　机　工　官　网：www.cmpbook.com
　　　　　010－88379833　机　工　官　博：weibo.com/cmp1952
　　　　　010－68326294　金　书　网：www.golden-book.com
封底无防伪标均为盗版　机工教育服务网：www.cmpedu.com

导 言 何谓 "writer"

"writer" 就是写东西的人吗

何谓"writer"?

只要是写东西的人,就可以称为"writer"吗?

我想从这个问题出发,展开本书的导言部分。

如果只看字面意思,在动词"write"(写)的基础之上添加表示施事者的后缀"-er"就构成了"writer",也就是"写东西的人"。然而,专门从事写作的职业还有很多,像小说家、诗人、散文家、专栏作家等,不胜枚举。虽然他们都是"写东西的人",但如果一概用"writer"来总括他们,至少对于片假名[⊖]有些泛滥的日语来说,实在是有种违和感。比如诗人和"writer"的活动领域就有着明显不同。

⊖ 在翻译来自日语以外的外来语时,日本人有时会选择用片假名来表示,类似于汉语中的音译,如用"沙发"表示"sofa"。——译者注

那么，我们是否可以根据他们的写作产物的形式去考虑这个问题？

也就是说，写小说的就是小说家，写诗的就是诗人，写散文的就是散文家。这么去考虑的话，我们是否就能掌握"writer"的本质呢？

很遗憾，这样也不行。与诗人和小说家不同，到底写什么东西的人才能称为"writer"，这一点并不清楚。也就是说，他们写的东西是一种非常模糊的概念。当然，也有人认为，"writer"就是基于采访而非虚构来写文章的人。但这又掩盖了新闻记者与新闻工作者（journalist）之间的区别，同时也模糊了新闻记者与纪实文学作家之间的界限。

由于定义的不明确，我们时常会听到"杂文家"这一头衔。

从我们常说的"杂货"和"杂项收入"这两个词中可以看出，"杂"有着"其他"的意思。换句话说，"杂文"是一个方便用来称呼"其他文章"的术语：既不是小说，也不是诗歌、散文。这么说起来，有很长一段时间我都认为自己既不是小说家也不是散文家，当然也不是新闻记者，所以只好姑且先自称"writer"，把自己归类为四处漂泊的杂文作家。

我从事"writer"这个职业已有10年或者15年了，具体多久我也不太确定。在此期间，我对"writer"的看法也逐渐发生了变化。

"writer"的工作真的很有趣。也许今后我也将一直从事"writer"的职业，继续贯彻自己"writer"的名号。"writer"是一份极具深度和社会价值的工作，我们既不必自贬自嘲为"杂文家"，也不必非要让别人这么称呼我们。"writer"究竟是做什么的？我想需要从根本上重新审视它的定义或者价值，并用明白而准确的言语来表述它。

让我们重新思考这个问题："writer"就是写东西的人吗？

这样是不是太拘泥于字面意思，以至于忽视了一些更为重要的东西呢？

就拿电影导演这个职业来举例吧。他们通常被认为是"拍"电影的人。比如，在日常生活中，我们经常会听到"听说那个导演拍了部新电影""那人已经很多年没有拍电影了"之类的说法。

然而，很少有导演会真正架起摄像机亲自去"拍"，因为拍摄由摄影师负责。照明、录音、音乐、剪辑、特效，有时甚至是剧本——电影拍摄时的大部分工作都不需要导演来做。可见，导演不"拍"电影，他们"创造"电影。

那么，摄影师呢？他们的工作就只是拍摄吗？

同样，他们的工作也不简单。他们利用摄像机这一道具去"创造"自己理想中的画面。他们要挑选镜头、寻找视角、确定构图，还要选择合适的光圈和快门速度，从而灵活地掌控光影与色彩。这些行为都属于"创造"，这也是他们拍的照片被称为艺术作品的理由。智能手机诞生以来，那些仅仅是在拍摄的人倒是随处可见。

画家也好，音乐家也罢，都是如此。在比绘画和演奏更深的地方，必然存在着某种"创造"。

那么，"writer"的工作又是什么呢？

我们就是以写东西为职业的一群人吗？

并非如此。就像电影导演创造电影、音乐家创造音乐和演奏空间、小说家创造故事空间一样，"writer"也在进行着某种创造。写作就是我们创造的手段。

暂且先把"文章""原稿"等与"writer"这个头衔纠缠在一起的词语放到一旁，让我们重新思考：我们到底想要通过写作实现什么？

我们首先是一个创造者（creator），然后才是写作者。

我其实不太想用音译过来的"creator"，因为我想重点突出"创造者"的形象，避免它的轮廓太过模糊。我相信，身为"创造者"的自我认识可以逐渐改变一个人的写作风貌。

不是去写作，而是去创造内容

那么，写作者究竟是在创造些什么呢？

如果说小说家创造小说、诗人创造诗歌、电影导演创造电影的话，我们写作者又是在创造什么呢？

宽泛地说，是在创造内容（content）。

写作者不仅仅是在写文章，他们通过写作来创造内容。同样是写作，但他们所写的东西并没有采取现代诗歌、纯文学那样的形式，姑且称之为"内容"吧。他们正是在创造内容。我想在这一点的基础之上展开接下来的讨论。

首先应当明确"内容"这个词的定义。

我认为，任何以娱乐观众为目的而创造出来的东西，都是内容。

这种定义以观众的存在为前提，并且将重点放在了观众的享受和愉悦之上。也就是说，比起自己，优先照顾观众的感受。坚守这一原则创造出来的事物，都算是内容。大众文学、散文、专栏文章、好莱坞电影、流行音乐、电子游戏，乃至限量版球鞋、巨无霸汉堡——对我而言，这些都算得上是"内容"，而"writer"也是站在这一立场上提供服务的。

就新品发布会的新闻稿来说，它仅仅是在陈述事实。它的目的在于传递信息，还算不上是内容。

但在产品正式发布后的新闻稿中，往往会加上开发人员的个人评论，这就有些接近内容了。评论的言辞之中充满了喜悦和兴奋，将曲折的开发故事娓娓道来——新产品是如何诞生的、在原型阶段遇到的困难、是如何取得突破和改进的。稿件中还会添加一些视觉内容，如开发者们畅谈时的照片、产品原型的照片或图表，这些都是内容。作为一个读者，你一定会喜欢读这样的东西。

再举个极端一点的例子。

假设现在有一块口香糖。它不是内容，只是一块糖果而已。在包装的表面有一张哆啦A梦的图片，这就增加了一点内容的要素。其他口香糖包装表面的图片还有大雄的、静香的、胖虎的、小夫的。如果把这五块口香糖放在一起，它们就会组成一幅完整的图画。这样的组合就是一个完整的内容。

内容化的关键不在于是否有故事或角色。

区分是否属于内容的核心仅仅在于"是否有一种娱乐精神"。不论故事多么严肃，不论是否包含了社会信息，其作为内容的娱乐精神都是一样的。只有让读者觉得自己读到了好东西，或者说被一些愉快的事物触动了，它才算是内容。

对于内容，读者并非仅仅是在其中搜寻有用的信息，他们是在寻找一种兴奋感，一种忍不住想要往下读的感觉；寻找一种沉浸感，一种翻页的手指停不下来的体验；寻找一种余韵，一种读完之后无法立刻从"那个世界"脱离的留恋；寻找一种清爽感，一种阅读之后的"脱胎换骨"，哪怕改变的程度很小。正是为了追求这样的"阅读体验"，读者才去阅读内容的。

那么，怎么做才能实现从"只会写文章"的"writer"到"创造内容"的"writer"的跨越呢？

关键就在于编辑。它是一个概念，也是一个过程。

编辑们在编辑什么

出版界有"编辑"这一职业。

也许正是因此，许多写作者认为撰稿和编辑是彼此分离的。撰稿是写作者的工作，而编辑的工作就是编辑从写作者那里拿到的稿子，或者提前告知写作者应该按照什么流程来写——许多写作者都这么认为。

然而，这种看法大错特错。

编辑稿件其实是写作者的工作。

我并不是要否认编辑的作用。正是因为充分认识到了编辑们的价值，我才如此断言。编辑稿件的，终归还是写作者。编辑们要编辑的，乃是稿件之外的东西，即内容的包装。

那么，内容的包装又是什么呢？

简单来说就是三样东西：人、主题和文体。

换言之，编辑最重要的工作就是设计谁来说（人）、说什么（主题）、怎么说（文体），然后进行包装。下面对此进行逐一解释。

①人——谁来说

编辑们总是提供工作的一方。

从原则上来说，不论是多么受欢迎的作家或者人气写手，他们都是接受工作的一方。

编辑现在想让谁来写？读者们对哪些人的文章已经读腻了，又在期待哪些人的新作？谁最适合来写这个主题？谁能创造出我想要的内容？这些都是只有编辑们才有的"奢侈的烦恼"。

现在假设有一位编辑想要出一本以"新时代下的管理"为主题的书。

然而，一家大企业的领导、一家人气拉面店的老板、一个新晋管理顾问，甚至日本国家足球队的教练，他们各自谈到管理时，其内容肯定是有很大差异的。因此，在选择让谁来写、让谁来讲时，最重要的编辑工作就已经开始了。

举一个更具体的例子吧。在美国，任期结束的前总统在正式卸任后出版自己的回忆录几乎已经成了一个惯例。

在美国第 44 任总统贝拉克·奥巴马出版回忆录之际，他与出版社签署了一份价格破天荒地高达 6000 万美元的供稿协议，并与妻子米歇尔·奥巴马所写的回忆录成套出版。这两本书分别是米歇尔·奥巴马的《成为》（*Becoming*，2019 年日文版出版）和贝拉克·奥巴马的《应许之地》（*A Promised Land*，2021 年第一卷日文版出版）。当然，在和出版社签订协议的时候，他们俩都还什么也没有写。没人知道这本书是否有趣，里面的具体内容更是无从知晓。

即便如此，仅仅是"来自奥巴马夫妇的讲述"这一事实就使其内容具有了无可替代的价值。为了签署协议，出版社付再多的钱都是值得的。即使最后出现了亏损，"本社出版了一套奥巴马总统夫妇的书"这一事实将永远流传下去，这对出版社的品牌建设有着极大的帮助。当事出版社一定也是这样判断的。因此，"让谁来讲"是一个十分重要的指标。

但这并不是说编辑的工作就是"把流行作家和名人都给找来"。

最重要的是必然性和说服力。例如，美国的历任总统之所以能成为总统，是因为他们当下比任何人都能更好地回顾并总结眼前的"世界"和"美国"，他们具备这样的必然性和说服力。6000万美元的回忆录，其价值不仅仅是由"前总统"这一块招牌决定的。

同样，作者的名声大小也无关紧要。即使他不是一个流行作家或者名人，只要他有足够的说服力和必然性去讨论相关主题，那就够了。事实上，如果回顾一下日本过去几年销量达到百万册的畅销书，你会发现其中许多都是由那些"不知名的新人"写的。反过来说，如果某个作者不具备谈论相关主题的必然性和说服力，那么读者（或市场）肯定会看穿这一点。

对于编辑们来说，编辑工作的第一步不是简单地找人，而是要找到"有足够说服力和必然性去讲述"的合适的人。

②主题——说什么

《傻瓜的围墙》（作者养老孟司，新潮社出版）可以算是代表日本平成时代的畅销书之一。2003年我离开杂志界，正准备开始从事图书方面的工作，而当时此书销售十分火爆，还刷新了畅销书的销量纪录，着实令我惊羡不已。

养老孟司学的专业是解剖学，并且提倡"唯脑论"[○]。他在当时已经算得上是可以代表日本智慧的人物了。而他谈论的不是"智慧是什么"，而偏偏要谈"傻瓜"，为我们揭开隐藏在所有人类脑中的"傻瓜的围墙"的真实面目。这让我自己也忍不住赞叹，真是个巧妙的包装手段啊！

选定主题（说什么）和选定作者（谁来说）几乎是同等重要的，两者的关系不可分割。如果直接让这位智慧的巨人来谈"智慧是什么"，那恐怕就算不上是个很巧妙的包装了。"人"与"主题"的组合若是关联太远当然不行，但若是太近则又显得无趣。

这时候，最重要的思维方式就是把主题给"推翻"。

假设有位编辑打算做个以"戒烟"为主题的企划。于是他预约了一位专门指导戒烟工作的专家。经过与专家的交流，他感到专家所讲的内容非常有趣。回去的路上，他十分兴奋，心想：只要用了这种方法，即使是重度吸烟者也能成功戒烟，肯定能改变世界。

但是，好不容易请到了这么厉害的作者，却只是定了"戒烟"这么一个老套而狭窄的主题，真的好吗？

不妨拓宽眼界，是不是可以把"戒除"这一行为本身当作主题呢？不仅仅是戒烟，而是戒掉各种各样的坏习惯，这样的主题不是

○ 一种哲学观点，认为人的本质是大脑，大脑即是世界，大脑机能一旦丧失，人与尸体无异。——译者注

更好吗？

又或者我们可以反过来思考：站在"吸烟状态的持续"的角度上，是不是可以把"坚持"当成书的主题？

甚至可以拓展到工作、学习、节食等方面，是不是可以往各种各样的"习惯的形成（坚持）"的方向上去思考呢？我们完全可以从"戒烟"的老套主题中跳出来，去试着做些全新的内容。

这一步要做的工作其实并不是挑选主题。

实际上，有一半以上的工作都是在对"人"进行编辑。为自己崇拜的作者提出最合适的主题，从而激活他身上的新的魅力。这样的编辑工作只有专业的编辑才能做到。

在挑选主题之际，绝不可拘泥于初始的想法。如果过于固执己见（初始的想法），就会让自己错过更有意思的主题，与更接近本质的主题渐行渐远。在我看来，编辑们真正的工作是通过组合各种主题，来对"人"进行编辑。

③文体——怎么说

这里所讲的"文体"，在英文中称"style"。

谁，以何种方式，说了什么。其中的"以何种方式"就是包装工作中所说的"文体"。但说起日语中的文体，常常会被简化成不同级别的语气的问题，如是敬体还是简体、名词结句的频率和时机等。因此，我想先解释清楚"文体"的具体含义。

假如现在要你来谈一谈自己的恋爱经验。

这时候，听话人的性别通常会影响你说话的语气和内容。就算听话人是同性，根据对方与自己的亲密程度、身份地位的高低，说话在细节上也会有所不同。尽管"谁来说，说了什么"都是一样的，但"对谁说"的不同使得说话风格发生了变化——这就是我们要谈的"文体"。我们通常会根据听话人的不同而改变自己说话的风格，为了准确表达意思、保持礼貌或者让对方听得舒服。

套用我们之前在思考"内容"时的模式，思考选择何种文体其实就是在思考"让谁怎么读"。换言之，就是在思考"应当如何设定内容的目标"。

如果内容是面向不具备专业知识的一般读者的话，那么就应该选择"入门书籍"的文体。就算谈话人是代表某一领域的国际权威，在对某一事物进行解释说明的时候也应当尽可能地保持详细而周到。如果情况需要，还可以放入照片、插图、表格等，使内容更加明白易懂。有些文章，比起用第一人称"我"来写，改成采访或者对话的形式会有更好的传达效果。

如上所述，当"谁，以何种方式，说了什么"形成了一个良好的三角形关系时（见图1），就能够极大地发挥内容的价值。

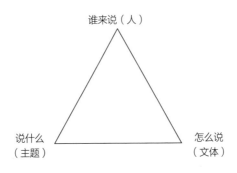

图1　"包装"的三角形

谁来说、说什么、怎么说，这句话概括了只有编辑才能做到的"包装"。

举一个方便理解的例子。

一位天才物理学家面向一般读者出版了一本具有划时代意义的关于宇宙学的书籍。该书在全世界销售超过 1000 万册，仅在日本就销售了 100 多万册，是当之无愧的畅销书。这本书的作者正是 2018 年逝世的理论物理学家斯蒂芬·威廉·霍金。该书的日文版由林一翻译，早川书房出版，书名为《霍金谈论宇宙：从宇宙大爆炸到黑洞》（见图 2）。

有意思的是，英文原版的标题为 *A Brief History of Time：From the Big Bang to Black Holes*，显得有些"冷淡"。如果直译过来，就是"时间简史：从宇宙大爆炸到黑洞"。要是日文版沿用了这个标题，恐怕就未必能在日本畅销了。

日文版的标题看上去简单，实则分毫不差地将原书的意图传递了出来：天才物理学家霍金博士，以对话的方式简单易懂地解释宇宙的起始（大爆炸）与

图 2　日文版图书封面

终结（黑洞）。这样的"包装"能引起各种各样的读者的兴趣：有的人对霍金博士感兴趣，会想"这个人一直很有名气啊"；有的人对宇宙主题感兴趣，会想"这本书看上去很有意思啊"；有的人对文体感兴趣，会想"这样的话，说不定我也能看懂"……毋庸置疑，英文原版确实十分优秀，但日文版的重新编辑也堪称完美。

另外提一句，打算面向一般读者写一部科学书籍的霍金，在执

笔之际曾听取了朋友的建议："你的这本书里要是每多一个计算公式，读者就会少一半。"对于一般读者来说，知道书里面有算式就会心生畏惧，不敢继续阅读了。出于这种考虑，霍金博士在不用一个计算公式的情况下撰写了此书。不过全书中只有一个例外，霍金实在不得已才用了一个计算公式——那就是爱因斯坦提出的著名的相对论公式 $E = mc^2$。这是一则笔者本人十分喜爱的轶闻。

编辑的工作涉及各个方面：思考企划、联系作者、收集资料、传达读者的意见和感受、讨论决定设计师和版面设计、为宣传工作而四处奔走……如此纷繁复杂的事务全都是编辑的工作。

但如果你问：对于编辑来说，"编辑"到底是什么？我想答案就是去设计"谁来说、说什么、怎么说"。说到底，编辑们是在对人进行"编辑"。

在这项工作之后，对作为内容的原稿进行编辑，便是作家和写作者们要做的事了。

写作者是做"编辑"的

所谓"编辑"，是对"谁来说、说什么、怎么说"进行编辑的人。

而对原稿本身进行编辑的则是作家或者写作者。如果文章是在未经任何"编辑"的情况下直接写出来的，那么就算它罗列了所有需要的信息，仍然缺乏引起读者兴趣的特质。我们写作者必须把"编辑"作为我们的武器，从"写东西的人"转变成为"创造东西的人"。

以上便是我展开论述的大前提，也是整本书的大前提。

那么，对于写作者来说，"编辑"究竟意味着什么呢？我认为，只要具备了以下3个条件，就能够产生有价值的内容（见图3）。

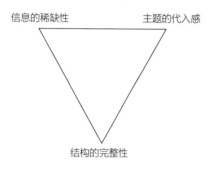

信息的稀缺性　　　　主题的代入感

结构的完整性

图3　价值的三角形

只要具备了"信息的稀缺性""主题的代入感""结构的完整性"这3个条件，
普通的文章也会成为有价值的"内容"。

①信息的稀缺性

在这里，希望你能够暂时跳出写作者的立场，以一个看客的视角来考虑问题。假设现在有一本宣称"具有划时代意义"的介绍节食方法的书。你把它买了回来，翻看了几页，结果却发现上面只写了"控制卡路里摄入、限制糖分摄入、适量运动"之类的内容，你一定感到大失所望，甚至会在心里咒骂："骗子！浪费我的钱！"

但其实它也没有骗人。控制卡路里摄入、限制糖分摄入、适量运动，这些都是有科学依据的，是有统计数据支撑的节食方法。如果照着书中所写的去实践，应该是能够瘦下来的。

但尽管如此，你还是会有种被欺骗的感觉，这是为什么？

——因为那些都是"已知信息"。

只有当内容中包含了"只有在这里才能读到的信息"时，才能给读者提供本质上的价值。像是前任总统的回忆录、名人访谈等，这些以"人"为主要内容的书同样遵循了这一原则。在别的地方也读得到的东西、别的媒体也报道过的消息、不言自明的通俗道理，如果原稿都是靠这些东西堆砌起来的话，那恐怕在本质上它将无法体现出任何价值。读者们总在渴望"邂逅"，探寻"发现"。

因此，写作者通常需要以"找到只有在这里才能读到的信息"为目的进行取材，不断进行创作。反过来想亦是如此：写作者需要提前进行一定的调查，以了解"哪些是已知信息"。

著名漫画杂志《周刊少年 Jump》的页边空白处通常会有这样一句标语："想看某某老师的作品，尽在 Jump！"当你在思考信息的稀缺性问题时，请一定要记得这句话。

②主题的代入感

假设现在我跟你聊起了我昨天做的一个梦。

"我去参加了一家出租车公司的面试，面试时会议室里居然闯进来一只山羊，还吃起了我们的简历。我从座位上站起来仔细一看，原来是一个山羊形状的冰淇淋。就在我盯着它看的同时，它在一点点融化。看起来像是面试官的中年大叔居然是我家的宠物狗，一边摇着尾巴，一边舔起了冰淇淋。"

这种让人摸不着头脑的梦要是写下来，恐怕几十页都不止。

从"信息的稀缺性"的视角来看，这的确是"只有在这里才能读到的信息"。按道理这应该是个很有趣的故事，但现实中估计没有谁会饶有兴致地一直听到最后吧。

每个人都会觉得自己做的梦很有意思。一回想起梦中一个个前后不着调的小片段，很多人都会忍不住笑出声来："太搞笑了，梦到的都是些什么呀！"但如果你跟别人讲起你的梦，对方未必会觉得那么有意思，甚至你说得越起劲，对方的反应越是冷淡。

人之所以觉得自己做的梦有意思，是因为那些都是"自己的事"。

而听话人之所以觉得没意思，是因为那些对他们来说都是"别人的事"。

我们其实并不是对于做的梦本身感到有趣，其实只是觉得"会做那种梦的自己"很好笑。

让我们试着把这种思路代入"内容"的问题中去。

比如某杂志上有一栏"本月星座占卜"的栏目。读者大多会直接找到自己的星座开始看，而不是按顺序从头到尾完整地看完。我自己是处女座，所以会先从处女座开始看，然后再看家人、女朋友等身边人的星座，从来没有完整地看过十二个星座。这个例子就很好地说明了"别人的事"和"自己的事"的区别。

要让你的原稿成为"内容"，其中就必须包含让人觉得是"自己的事"的要素。如果有一个不包括处女座的"十一星座占卜"，那么对我而言，它就是毫无价值的。

当我们在看一部精彩的小说或者动人的电影时，常常会沉浸在作品中的世界里：或者紧张得捏一把汗，或者激动得心脏狂跳，又或者感动得流下眼泪。然而，这并不是因为故事情节多么有魅力。让人沉浸其中的关键，与其说是在于故事，倒不如说是在于角色。正是因为里面的角色充满人格魅力，我们才会把自己代入，把作品中发生的事看成是"自己的事"，以至于不禁捏一把汗。如果一部作品中没有自己可以投影的角色，那就很难把自己的感情代入其中。之所以总有人苦口婆心地强调虚构类作品中人物设计的重要性，就是因为这是让读者或观众觉得是"自己的事"的关键因素。

那么，对于那些没有所谓"角色"的非虚构类原稿来说，它们需要的是什么呢？

答案是桥梁，一座连接对象和读者的桥梁。

假设现在要向读者介绍一个有可能获得诺贝尔奖的重大科学发现。专家们好像总是在"对岸"热烈讨论，而一般读者则只是在另一边隔岸观火，觉得事不关己。当两岸之间建起桥梁之后，读者才终于有了兴趣，把它当成"自己的事"去看。许多专家往往自始至终都沉浸在"对岸"的讨论之中，丝毫不在意去架起桥梁。他们忘记了读者的存在，与读者进行的对话也是草草了事。架起通向对岸的桥梁，促进专家与读者之间的对话，这些正是非专家的写作者要做的工作。要是读者觉得你的书"跟自己没什么关系"，那么他们自然也不会去读。关于具体如何去架起这座桥梁，笔者将另做论述。

所谓"内容"，对于读者来说必须是镜子一般的存在，在某种意义上能够映射读者自身。没有代入感的内容读起来总感觉"事不关己"，读者当然不会觉得有趣了。

③结构的完整性

我并不认为自己是个文章写得特别好的写作者。

往最好了说，我也只是个中上水平的写作者罢了。这不是谦虚，而是我客观冷静地进行观察思考后的看法。光是我认识的人当中，就有好几个文章写得很出色的写作者，表达能力远在我之上。我自知能力不如他们，同时也对他们十分尊敬。我发自内心地羡慕他们，要是自己也能写出那样的好文章该多好。

但对于自己写的那些书，我完全不会觉得"没意思"。倒不如说我对它们充满了自信，它们是我引以为豪的杰作——哪怕这种自信可能是种自负，我仍然这么认为。

打个比方，这就像是设计（design）与结构（structure）之间的差别。

以苹果直营店为例，它们以玻璃作为外墙，最大限度地摒弃冗余，甚至连楼梯都是用钢化玻璃制成的。这的确是个了不起的设计，完美地体现出了苹果公司的产品理念。

但如果是一座 30 层的摩天大楼呢？这种情况下当然是结构优先于设计。在一座外墙全靠玻璃搭建起来的高层建筑里，恐怕没有人能在里面安心购物吧？除了要考虑建筑的抗震性、耐久性和防火性之外，还必须仔细思考如何设计底层通往顶层的移动路线、如何平衡设计和结构等。

文章亦是如此。如果你要写的文章只有花边新闻那么短，那么不用考虑文章结构也能写好，只要把表达（设计）作为第一要务就行了。然而，文章越长，结构就显得越重要。这时，你不仅需要有一幅设计图，还需要有缜密的逻辑。如果一位写作者缺乏设计结构的能力（组织能力），就算他的写作技巧再高超、表达能力再出色，也写不了长文。就算写了，文章在结构上也是东倒西歪，仿佛大厦将倾，算不上是合格的内容。创造内容就像是建筑施工：如果支撑建筑物的逻辑支柱摇摇欲坠，那么做出来的内容肯定不成样子。

当编辑和写作者之间的"两个三角形"实现重叠时，真正的内容就完成了（见图 4）。所有的畅销书和长销书，几乎无一例外都可以用此图来解释。

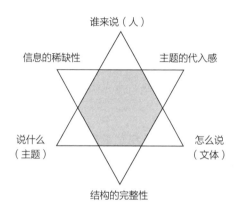

图 4　内容的基本结构
当有趣的包装遇到有趣的内容，内容的价值就会得到极大的体现。

再次探讨写作者的定义

以往，写作者主要以出版业为主战场。那时的写作者和编辑之间有着明确的分工。出版社有专业的编辑，在工作中积累了大量的知识并不断传承下去。写作者们只需要专注于写作便足够了。

然而，这种情况在进入 2010 年后便开始难以为继了。

现在大多数自称是写作者的人都把网络作为他们的主战场。这是顺应时代潮流的自然趋势，而且有些功能是只有网络媒体才能提供的。问题就在于，现在自媒体增势迅猛，而这些自媒体不需要那些传统的专业编辑。

他们中的许多人通常被称为"网络主管"（web director）。虽然他们有解读访问数据的能力、会进度管理，但却不会编辑。因此，他们制作的大多内容都是在跟风，追求"现在流行什么"或者"最近有什么能提高点击量"。令人遗憾的是，这类随处可见的内容的平均质量正在日益下降。

那么，我们该怎么做才能打造出吸引人、真正有价值且热度持久的内容呢？

写作者别无选择，只有比以往更深入"编辑"的领域。如果需要，写作者甚至要亲自介入包装工作，亲自设计"谁来说、说什么、怎么说"。而如何培养一个编辑，其实这已经超出了我们写作者的知识范围。

那些以网络为主战场，同时又颇受欢迎的写作者，也许是凭借其"编辑能力"而非"写作能力"成功的。今后，写作者和编辑之间的分界线可能会越来越模糊。

鉴于此，我想重新思考写作者的定义。

什么是写作者？前文所述的"创造内容的人"的定义同样适用于小说家和诗人等，因此这个定义还不算完善。我想更进一步，思考"写什么东西的人，我们才称之为'写作者'"。

首先，写作者是空壳一般的存在。

天才物理学家的知识、美国总统的经验、莎士比亚的灵感——这些他都没有，可以说是空空如也。

也正因此，写作者需要取材。取材，是为了填满自身的空壳。他们与读者站在同一立场，替读者去取材。

　　他们要阅读别人的著作，感触别人的作品，聆听别人的话语，一遍又一遍地提出问题。这是什么？为什么会这样？那时发生了什么，你感觉如何？对人、对书、对其他种种，写作者抛出大量的问题，尽一切努力加深自己的理解和认识。

　　问题同样也会抛给自己。我是怎么去听、去看他刚才说的话的？我是否真的理解了？我明白了多少，不明白的又有多少？完成拼图还缺多少块？写作者要不厌其烦地向自己提问。

　　然后，仅将自己理解的部分，或者基于这一部分建立的个人假设，成体系地进行整理，最终使之成为完整的"内容"。苏格拉底的弟子柏拉图、亲鸾○的弟子唯圆，他们做的就是这些工作。

　　换句话说，空壳的写作者在本质上是一个"取材者"，唯有通过取材才能产生有价值的东西。

　　照这么说，写作者到底在写些什么呢？

　　如果说小说家写小说，诗人写诗，散文家写散文，那么写作者写的是什么呢？写作者的工作就是把他们所调查或取材的内容原原本本地记录下来吗？

　　绝非如此。

　　在我看来，他们写的是"回应"。

　　"这是我的理解。"

　　"这就是我听后的感觉。"

　　"这个部分打动了我。"

　　"我想用这样的语言和这样的方式去描写它。"

　　○ 日本佛教净土真宗开创者，谥号见真大师。——译者注

"因为我想让你的想法尽可能地传递给更多的人。"

这就是写作者要写的东西。他们就像是在写一封"感谢信"，感谢所有填补自身空壳的人或事物：感谢那些帮助他取材的人，感谢那些留下了丰富作品和资料的作者们，感谢他们背后的文化，甚至感谢大自然，感谢河流、山川、森林……

你越是尊重你的取材对象，那么你的回应肯定也就越是郑重。而如果你轻视你的取材对象，那么你的回应肯定也就显得敷衍。你的回应（原稿）反映了你作为取材者的态度。

写作者即是"取材者"。

而对于"取材者"来说，他们所写的原稿即是一种"回应"。

身为写作者的我们是在创造"作为回应的内容"。

先把这句话记在心中，然后再去思考具体的"取材、执笔、推敲"吧。到此不过只是导言部分的结尾，接下来让我们进入正题。

目　录

第二部分
执　笔

077

第三部分

推 敲

233

写作的勇气

第一部分
取　材

"取材"一词通常被认为与英文中的"interview"（采访）同义。然而在本书中，取材并不仅限于一般的采访。听别人讲话自不必说，看书、看电影、街边散步、听列车广播、看地铁车厢内的广告，这些都是取材。与家人和朋友聊天、第一次在咖啡馆点混合咖啡，这类"尝试去了解"的行为也都可以看作是取材。在这一部分，笔者将把取材的过程分为三个阶段加以分析——阅读、倾听和思考。

第 1 章　一切始于"阅读"

像阅读一本书一样去阅读世界

牛顿看到苹果从树上掉下来,于是发现了万有引力定律——这已是个家喻户晓的故事了。虽说有人指出这个故事其实是后人编造的,但许多人在提到它的时候都忽视了最重要的部分。

牛顿并不是从"苹果为什么会掉下来"的疑问中得出万有引力定律的。他又进一步问道:"为什么苹果会掉下来,而月亮却不会?"在对月亮不会掉下来的原因进行数学研究后,他才最终得出了万有引力定律。这里的苹果只是一个铺垫而已。

对于牛顿的天才之处,爱因斯坦如此评价:

"对牛顿来说,自然就是一本翻开的书。他可以毫不费力地阅读上面的文字。"

对牛顿来说,自然,也就是宇宙的一切,是一种充满着各种刺激的"阅读物"。牛顿可以毫不费力地阅读它。飘在天空之上的月亮也好，从树上掉下来的苹果也好，对牛顿而言都蕴藏了无与伦比的奥秘，而且他又十分享受解谜的过程。

也许这样的解读有些过了，但以上其实可以看作是爱因斯坦对于牛顿的个人评价。作为取材者的写作者所应追求的目标，正在这一评价之中。

对于取材者来说，"世界"就是一本翻开的书。

取材者必须要像阅读一本书一样阅读他人和他人所说的话。

取材者必须要像阅读一本书一样阅读"事件"，并且要读到它的最深处。

取材者不是在"求解"，不是在寻找一个科学的、数字的、客观的"标准答案"，而是从取材者自身的主观角度去"阅读"世界，而且要一个劲儿地读。

阅读印刷品，阅读视频，阅读广告，阅读音乐，阅读服务，阅读城市变迁和四季轮回，阅读人们不同的声音……在绿树成荫的街道上散步的时候，在摇晃的列车上看风景的时候，在与家人朋友交谈的时候，要多去感受，多去发现问题，并且尝试用自己的语言给出回答。这就是取材，也是阅读。只要写作者还需要取材，那么他就必须把写作外的所有时间都用来"阅读"。写作者一定要把精力投放在观察和思考上。

我结识了很多令我崇拜的写作者。我有时也会作为取材者聆听他们的故事，展开深入交流。通过这些交流，至少有一件事我十分肯定。

那就是：优秀的写作者无一例外都是优秀的取材者。取材已经融入了他们的日常。他们其中的许多人都酷爱读书，即便他们没有在阅读纸质的印刷品，也一定在阅读别的什么东西。他们有一种"阅读不是书的'书'"的习惯。小说家、电影导演、舞台剧作家、散文家、广告文案作者以及专门的写作者，即便他们各自的创作体裁不同，但都遵循着这一原则。

就以《枕草子》的作者清少纳言和《徒然草》的作者吉田兼好为例，他们的作品足以代表日本散文的写作水平，这是因为他们都有作为观察者（取材者）的非凡眼光。在那个没有网上书店、没有图书馆，甚至没有活字印刷的时代，他们以远超常人的眼光来细致地阅读"世界"这本书，这也是他们的随笔可以流传千年的原因。在某种意义上，他们留下的随笔可以说是关于"世界"这本书的读后感。

在本书中，我想先从"阅读"开始谈起，因为它是取材的第一步，也是写作的基本前提。为了成为一个好的写作者，首先一定要成为一个好的读者。我可以在此断言，这个顺序永远不会被推翻。

为什么你写的文章无聊

关于阅读，我想介绍黑泽明的一段自白。

他是在世界电影史上留下诸多杰作的导演，作品有《七武士》《罗生门》《生之欲》《用心棒》《天堂与地狱》等。众所周知，他最初其实是想当一个画家。事实上，他画的分镜非常有艺术性，完全可以作为独立的画集出版。我有时会想，黑泽明光是画分镜就有这么高的质量，要是他认真从事绘画创作，那又会发生些什么呢？而他究竟为什么又放弃了绘画呢？在晚年的一次采访中，他说原因并不在于自己的"绘画技术"，而在于他对观察对象的"眼睛"的追求。

> 讲点有意思的吧。"画"这东西啊，就算是塞尚那样的大师，也要花很长时间去画，对吧？那些低级别的画匠却能很快就完成一幅画，但像那样去画可不行。为什么这么说？因为画匠们没有看到大师们正在看的东西，大师们能够看到的东西也和画匠们不一样。所以我才画得那么辛苦，我想把我真正看到的东西展示出来。事实上，因为我们只能看见很表面、很肤浅的事物，所以才能很快完成。
>
> ——《黑泽明、宫崎骏和北野武——三位日本导演》

这也就是说，那些优秀的画家在掌握高超的绘画技巧之前，先要有一双"好眼睛"。他们能够清楚地看到普通人看不到的东西，所以他们才会花好长时间去画某一个主题，并且从不觉得枯燥。而我们（黑泽明）这样的普通人很快就画完了。倒不是因为动笔快，而是因为我们看不见那些一流画家所看见的东西，只能在肤浅的层面上观察对象。其实那不能算是完成，我们还有更多应当要观察（阅读）的对象。

当看到黑泽明的这段言论时，我灵光一现，写作者不也是这样的吗？写作者首先应当锻炼的不是"写作"，而是"阅读"。这样才能成为真正优秀的写作者。

有的写作者写的原稿毫无条理，逻辑混乱；有的写作者写的原稿不得要领，抓错重点；有的写作者甚至都写不出一篇合格的原稿，原地踏步，停滞不前……

让我来说的话，他们在掌握写作技术之前的地方就跌倒了。一言以蔽之，就是"作为读者的自己"还不够成熟。

首先，他们还不会"阅读"他们的取材对象。他们对事物的理解仅停留在表面，甚至都不愿意去看深层的或者隐藏在幕后的一面。他们在写作时自以为懂了，事实上却什么都不懂。

而最为致命的是，他们不会"阅读"自己写的原稿。原本只值40 分的原稿，却迷迷糊糊地给自己打了 80 分。明明只有 40 分，却在此停笔了。如果"作为读者的自己"足够严格，就能把 40 分的原稿准确地评估为 40 分。而且一旦认识到了自己当前的水平，就会去老老实实地努力达到 80 分，甚至是 90 分。而如果"作为读者的自己"过于宽松，就会无法认清自己的原稿，会觉得自己这样写得也不错。

在写完一篇原稿后，对我而言，"古贺史健"就成了一个相当难应付的读者。他会毫不留情地进行批评，要求我重写。让我这么做的不是"作为写作者的我"，而是"作为读者的我"。只要他还在认真地监督，就绝不会允许我交出一份不合格的原稿。一旦"作为读者的我"有所松懈，那我也就无法继续做好一个写作者了。

在学习一些耍小聪明的表达技巧之前，先要锻炼做好"作为读者的自己"。你要经常阅读书籍、电影、人物和世界，做一个持续的阅读者。如果你写的原稿枯燥无味，其实并不是因为你是一个糟糕的写作者，而是因为你是一个糟糕的读者。

判断信息，而不是捕捉信息

现在的你正在读书。

也许它是纸质书，也许是电子书，什么形式并不重要。总之，它被写成了一本"书"，并且你正在阅读上面一连串的文字。

现在请你把目光从文字上移开一会儿，试着看看整个页面。这一页上有几百个字。即使从远处看，你也知道上面是一串串的文字，你甚至可以凭直觉从中挑出几个词。

然而，当你试图捕捉这一连串文字所表示的意义时，你就无法观察整体了。你必须把注意力集中在一个点上，然后再一点点地移动你的目光，按照顺序阅读文字。如果只是茫然地盯着整个页面看，那便什么也读不进去。只有当你用自己的眼睛，用自己的意志去阅读时，你才能读懂文章。

当你在阅读时，总是在发挥自己的能动性，是你自己要去阅读的。一个人如果想要去读些什么，他就绝不能被动，读的东西也不能仅限于书本。能动性可谓是阅读的前提。

照这样想，或许可以这么说：如果你在街上漫无目的地行走，或者漫不经心地盯着电视屏幕，你是无法阅读任何东西的。这是因为你只是在"看"街道或电视屏幕，而不是能动地去"阅读"。

打个比方，假设你要去电影院看一部热门的好莱坞大片。电影院的电影，尤其是好莱坞大片，基本上在欣赏时都不怎么需要观众去思考。这就像坐过山车一样，目的就是让你坐在椅子上就能享受娱乐。电影散场后，你从椅子上站起来，伸个懒腰，说了一句"真不错"。然而，你能说你"阅读"了这部电影吗？

答案是否定的。

那只是一种被动的欣赏，没有一处体现了你的能动性。当一个人能动地去阅读时，他才会把电影当作电影来享受，毫不犹豫地放弃坐过山车的感觉。在他被打动的那一刻，他能够冷静地且凭借自身的意志去弄明白自己到底是被什么给打动了，探寻它背后的机制。他会思考作者意图、作品内部机制和总体结构，建立自己的假设，并给出自己的答案。这就是取材者所需要的"欣赏"，也是一种能动的阅读。而真正的杰作是有能力"藐视"此类观众的"阅读"的。所谓艺术，提供的是一种无法用语言或逻辑分析透彻的感动。如果一件作品带来的感动过于刻意、明显，摆明了就是要赚取观众的眼泪，那么哪怕它让你流了一升的眼泪，也不过如此罢了。

或者假设你现在走进了一家日式面馆。

你点了一份天妇罗荞麦面，要 10 分钟才能做好。很多人在这种情况下都会选择刷一会儿手机来打发时间。或者确认新邮件，或者看看时事热点，又或者刷刷社交媒体……也许有人会认为这么做是在"利用碎片时间收集信息"。

然而，刷手机这种事，在泡澡的时候，在上厕所的时候，都可以做。如果你是一个取材者，你就要想一想，有什么是只有在面馆等面时才能进行的取材。

例如，面馆的桌子上一般都会放一瓶七味唐辛子。那么，问题就来了，"七味"是指哪七味呢？看一下瓶子上的成分标签，于是你知道了它是由辣椒粉、山椒、陈皮、麻籽、罂粟籽[○]、黑芝麻和海苔配制而成。这时候，你才终于拿出自己的智能手机，查找更详

○ 罂粟籽在日本属于合法的食品添加剂，而中国规定罂粟籽仅允许用于榨取食用油脂，不得在市场上销售或用于加工其他调味品，所以在中国合法进口的所有七味唐辛子中均不含罂粟籽。——译者注

细的信息。比如搜索"陈皮",了解到它是一种柑橘类水果的干燥成熟果皮。这便是"只有在面馆等面时才能进行的取材",也是一位合格的取材者的日常习惯。

请记住:写作者所必备的能力不在于"捕捉"信息,这种工作完全可以交给搜索引擎。写作者要会"判断"信息,也就是能动地去阅读,并且不断提出自己的假设。

首先仔细"观察"对象,然后根据"观察"所得到的信息,不断地进行"推论"。"推论"自始至终都要遵循理性原则:依据逻辑而不是直觉来做出判断。做出"推论"后,要进一步建立自己的"假设"。你要持续推进你的思考,直到能让自己也信服。

"阅读"的对象可以是一双拖鞋,可以是一瓶番茄酱,可以是一部僵尸电影,甚至可以是路边派发的传单,这都无所谓。从只会被动地捕捉信息的人,转变成能动地判断信息的人吧!

那么,具体而言,我们如何才能学会能动式的阅读,并且同时进行判断呢?当对象就在面前时,我们应该看什么、思考什么?接下来将介绍几个我自己也铭记于心的"更为能动式的阅读方法"。

像做采访一样去阅读

阅读人和世界,就像阅读一本书一样。

以取材者的态度对待日常生活中的每一件事。

而阅读则是建立这一基础的最佳途径。虽然电影和音乐都可以是你阅读的对象,但书籍仍是一个更容易上手的选择。为什么呢?

电影、音乐和戏剧都是"时间的艺术",如果规定了两小时,就一定要在两小时内完成作品。一旦放映或演出开始,时间便不停地流逝,作品世界也不断地展开,没有给观众停下来思考的空间。当然,剧场里更不会有暂停键。时间在声音和影像的交织中流逝。

而书籍则是一种允许我们停下来深入思考的媒介。分配时间的主导权在读者手中。你在阅读本书的时候,可能中间也会休息几次,打算分几天来看完吧。在哪里读、以何种节奏来读,不管怎么读都是读者的自由。就让我们以书为起点,开始学习"能动式阅读"的基本内容吧。我们要做的不仅是阅读(欣赏),更要在阅读的过程中主动对其进行提问。下面介绍具体的方法。

①边读边想——如果我遇到这个人,我会问他什么

假设你去参加一个讲座。讲座开始时,主办方告知大家说:

"我们在讲座的最后设计了问答环节。届时我们将把话筒交给观众,轮流提问,所以请每个人准备好三个左右的问题。"

面对如此正式的讲座,你可能会抱着比平时更认真的态度去听吧。你必须仔细聆听他人的发言,生怕自己听漏一个字,连瞌睡也不敢打。仅仅是因为被要求"结束后必须提问",你整个人就不由自主地变得被动了起来。

不论作者在世还是已故,不论他是否是个听不懂你讲的语言的外国人,也不论他是否是个你这辈子也没机会见到的大作家,这些都不重要。无论你是在读太宰治,还是海明威的作品,又或者是手冢治虫的漫画,你都要在心头牢记这句话:

"如果我遇到这个人,我会问他什么?"

你为什么要写这本书?开头的第一句话有什么含义?你为什么

要用这样的表达方式？这部作品是根据哪起案件改编的吗？书中的审判场景太真实了，你为此做了多少采访？在读手里的书时，不妨想象读完后有一个"独家采访"在等着你去做，你需要边想问题边阅读。

阅读是一种与作者的对话。也正因为它是一种对话，一本书可以被 100 个人以 100 种不同的方式阅读。边想问题边阅读，是一种建立起自己的"专属阅读"的途径。

②思考没有写什么，而不是写了什么

当你以做采访的心态去阅读一本书时，总会浮现出一大堆"为什么"。比如，为什么选择这个主题？为什么要这样写？为什么需要额外写这一段？光是提出"为什么"就算是一种能动式的读书了。

让我们更进一步，思考更深层次的"为什么"。不要只盯着书上写了的东西，也要想想书上没有写的东西。

换句话说，你不仅要思考"为什么要写这个"，更要进一步思考"为什么没有写这个"。

有时你会被书中写得很精彩的一句话打动，有时会觉得书中的某一句写得很突兀，有时会觉得作者在哪里没有讲清楚，有时又觉得作者的解释太过啰唆……因此，不能只是思考"为什么这么写"，也应该试着思考"为什么没这么写"。

在某种意义上，这是写作者独有的阅读方式。因为它背后的潜台词就是"如果换作是我，就会这样写"。

你可以把这当作是一种内省，同样的东西让自己来写的话可能

写得很平庸；你可以把这当作是一种改进，要是这么写的话就更有趣、更好懂了。对于“为什么没这么写”的问题，你要尽可能地提出反思路。

作者通过自己的反复试错，确定了最终的表达方式和用词。对他而言，他找到了自己的正确答案。当然，那未必就是真正的正确答案。某一句话可能还有更合适的表达方式，也完全有可能因为多余而被删去。

“你为什么要这么写？”

这种问题谁都会问，也是最简单的问题，不经思考就可以提出。从某种意义上来说，它也是最为失礼的问题。

“你为什么没有这么写？”

能够提出这样的问题，首先需要提问者自身对内容有足够的消化和理解，因为提出这一问题的前提就是“如果是我，我会这么写”。你还可以进一步升级你的提问：“你可能出于这个原因而选择了这样的表达方式，但如果是我，我会这么写。”为了丰富你与作者的对话，请多多思考“书里没写什么”和“书里应该写些什么”。

③边读边想——如何向别人介绍这本书

假设读完一本书后，你的朋友问你：“你觉得那本书怎么样？”

如果你读完之后的感觉只有“很好看”或者“很无聊”，那不得不说这次的阅读体验真的很乏味。如果你已掌握了能动式的阅读方法，肯定会有更多不一样的感受。

就我而言，我在读一本书时常常边读边想，该怎么把这本书介绍给别人呢？

　　尽管并没有人询问我的感想，但我还是会在读书的时候在脑海里模拟出特定的"那个人"，并思考"我该怎么把这本书介绍给他""我该怎么谈我的读后感"之类的问题。根据情况需要，我甚至还会在阅读的同时在脑海里构思书评，尽管现实中并没有人向我约稿。

　　假如你要介绍陀思妥耶夫斯基的《罪与罚》。你可以按照故事情节像下面那样介绍：

　　"一个沉溺于某种奇特思想的青年，以正义之名杀害了一个贪婪的放高利贷的老太婆。但不凑巧的是，老太婆的妹妹也在犯罪现场。青年不由得想……"

　　或者你也可以按照作品主题来介绍：

　　"这是一个以青年时期特有的烦恼为主题的作品，表现了理想与现实的背离——我究竟是伟大不凡的天选之子，还是只是一个微不足道的普通人？"

　　根据听众和场合的不同，谈论一本书还有很多不同的方法。谈论自己对一本书的感想，其实就是将他人的文字重新编辑、重新建构，并以自己的语言进行表述。了解故事梗概自不必说，如果缺少结构层面上的理解（高度抽象化的理解），那么你将很难把它的内容讲得灵活自如。

　　即使你没有机会去介绍这本书，你也要带着这样的意识去阅读它：当被人提问"你认为这本书怎么样"时，我要能很好地给出答案。这是一种十分有效的锻炼自身能动性的习惯。

④阅读时把自己当作主人公

最后，我想介绍一下如何以一种有趣的方式重读小说或者重看电影。

上初中的时候，我开始用自己的零花钱买唱片（那时候还不流行 CD）。当时的我还听不懂身为音乐迷的哥哥姐姐们对贝斯手和鼓手的评价。听披头士的时候，我最多只能听懂人声和歌曲旋律，要分辨出吉他、贝斯和鼓的好坏实在是太难了。

放在小说或电影中，这就是一种专注于主角（人声）和故事情节（旋律），而完全忽视了细节的状态。

于是我开始了一项实验：把同一首歌连续重复听 5 次。

第一次就像平常听歌一样，专注听人声部分。然后分别专注只听吉他的部分、贝斯的部分、鼓声。集中注意力，仔细分辨每种声音分别是从扬声器的哪个部分传出来的，又是如何传出来的。自然而然地，歌曲中其他乐器的声音在这一过程中就相当于是一种干扰了。

在以这种方式感受了歌曲中每件乐器的声音后，就该聆听整体了。竖起你的耳朵，听一听人声、吉他声、贝斯声和鼓声所组成的整体。

在多次实践这种"能动式听法"之后我发现，即便是以前从未听过的歌曲，里面的鼓声和贝斯声也能像人声一样自然而然地流进我的耳朵。刚一听到歌曲，我马上就能分辨出鼓手和贝斯手的好坏，感慨"这个乐队的鼓手真厉害！""这歌的低音线真酷！"

小说、电影、漫画和体育运动也同样适用这种方法。

举例来说，如果换个角度，我们可以把电影《洛奇》看作是女主角艾黛丽安的成长故事；可以把电影《教父》看作是被丈夫迈克玩弄于股掌之间的凯身为一个女性的悲剧；可以站在对方国球队支持者的视角去看一场国家队足球比赛；可以把《卡拉马佐夫兄弟》中的长兄德米特里当作主角来阅读……以上种种，在实践时也许会很困难。稍有松懈，你可能就又把洛奇当成故事的中心人物，或者忍不住为自己国家的球队加油。

通过反复实践这一方法，你就能够注意到原先忽视的细节，发现隐藏的矛盾，从而训练多角度、多方位阅读的能力。

一本好书无论读多少遍都是有趣的。但既然要再读一遍，不如试着换一种方式去读。特别是那些作为经典流传下来的书，其"胸怀"之宽广，允许自身以各种不同的方式被阅读。其实这些经典同样也在等待着更多元的"被阅读"。

乱读比多读更重要

当我们阅读一本书时，往往带有某种目的。

例如，为了提高业务技能，你会去读知名企业家写的书；为了面试工作，你会去读关于沟通技巧的书；为了解决心中的烦恼，你会去读哲学或者心理学方面的书。而选择阅读本书的读者们，往往希望能够"提高写作能力"或者"成为一名职业写作者"。

当我们带着某种目的去读书时，读后感往往会集中于这本书是"有用"还是"无用"。毕竟"阅读"本身就是一种收集信息的过程。就我自身而言，我一个月内读的书中有七成以上都是我工作方面的"参考文献",也就是我收集信息的材料。每个月都有几十本书被我粗略地翻过后认为"无用"而扔到一边。

但读书本该是一件自由的事。

有用还是无用,这种只关注实用性的讨论本应与读书无关。

有目的的阅读不可避免地会导致"挑着读":只挑重要的、看上去有用的东西去读,为了快速得出结论而忽略其他的东西。这种阅读在收集信息方面是有效的,但这就与"搜索"的行为没什么区别了。

阅读与搜索是两种完全不同的行为。

许多人,包括我在内,在处理资料时都倾向于"搜索式"阅读(而且现实中又量产了许多方便读者进行搜索的书籍)。但无论我们做多少次搜索,这种方式都不能帮助我们锻炼"作为读者的自己"。

那么,我们要如何避免"搜索式"阅读呢?

答案是"乱读"。

尝试去读那些与自身兴趣相去甚远的书,比如那些似乎与自身职业或个人生活没有直接关系的书,那些不流行的冷门书,那些从来没听过名字的外国作家的书。试着不带任何目的地读书,纯粹地"为了读书而读书"。

一旦将目的去除,你在阅读时就不会急着下结论。

因为你没有在搜索信息,所以无论是在读社会学的书,还是艺术史的书,又或者是哪个名人的传记,阅读时都不会产生"一定要学到些什么"的浮躁心态。于是你能够纯粹地享受书籍中的世界,与作者进行交谈。你能够注意到书中的细节,作者表达技巧的好坏在你眼中也会一目了然。

在我看来，"读得多"并不是成为一个优秀写作者的条件（毕竟我自己也实在是算不上是个读得多的人）。

那么，什么才是写作者必备的特质？我认为应该是"能够做到漫无目的地读书"，也就是"乱读"。多读与乱读看上去相似，实则是两回事。

如果你在选书时感到困惑，不妨给自己定几条规则。

我有一条一直坚持至今的规则，是一个编辑朋友教给我的：一定要读两个或两个以上值得信赖的熟人都推荐的书。不管它现在是否流行，也不管它是否和自己的兴趣有关，只要是两个或两个以上的熟人都推荐的书，我一定会去读。仅凭这一条规则，就能保证我可以接触到那些与自身专业领域相去甚远的书籍和作家。

至于一本书是否值得通读，你可以借助目录浏览书中的大致内容，看它是否能让你产生一种"这领域我也挺熟悉的"或者"这个问题我自己以前也思考过很多次"的想法，然后再下判断。

什么类型的内容并不重要，重要的是选一个你自己也有结论或者较为熟悉的话题。例如，你在书中某一页上看到作者说："所谓'专业'，就是指……"又或者像是"商业的本质就在于……""恋爱到头来总是……"之类的说法。

如果书上只写了一堆陈词滥调，那么这本书不读也罢，不值得耗费精力。毕竟这世上的书太多太多，多到我们穷尽一生也读不完。你的"想要阅读"的清单上堆积了多少书都没关系，值得你重读的书总会在你生命中的某个时刻再次与你相遇。把"一定要学到些什么"的心态丢掉，就从你扔在一边的书开始一本一本读起吧。

差文章给你的提示

"如果想要写出好文章，那么你就得多读别人的好文章。"

许多写作书都会给你这样的建议。

在此基础之上，有人还会建议你模仿或者摘抄那些自己觉得写得好的文章。我自己也是如此，每次看到好文章，都会尽量摘抄下来。"要想写出好文章，就要多读好文章、多摘抄"的建议基本上是正确的。

然而，这一建议中隐藏着意料之外的陷阱。

小说暂且不谈，想想采访稿和对话稿的情况就很好理解了。

一篇好的采访稿有一定的流程且思路清晰，还有一种自然而然的流畅性，让你觉得那人在现场一定就是这样说话的。仿佛说这些话时没有发生过任何停顿，采访者只要把原话记录下来就行了，不需要做任何改动。正是因此，这样的采访稿能让读者在阅读时感觉自己仿佛就在现场（有种身临其境之感）。

这样的文章很难让你看到作者执笔时的辛苦之处，你甚至觉得这样的文章在一开始就已大致成形。文章中到处都是用得恰到好处的词语，让你完全看不出作者曾经苦思冥想的痕迹。这些都是我认为的一篇好文章应该具备的条件。

而一篇糟糕的采访稿则是解释性的、书面语的、笨拙的，而且总有一种不自然的感觉，让你觉得"没人会这样说话吧"。原稿能够很好地反映出作者写作时的"用力过度"，作者对采访的干预显得十分碍眼。

这就是试图学习模仿好文章时会出现的困难。

因为一篇好文章会让你觉得它似乎从一开始就已成形，怎么找也找不到它的破绽，因此也无法去分析或者分解它。不论你再怎么去解读，也难以捕捉写作者的意图和写作技术。

从这一点来看，"差文章"就有很多破绽。它们看上去就很笨拙，就好像你能看见一件破衣服的补丁上还有胶水的痕迹。作者在哪里纠结不已，在哪里出了错误，都清楚地展现在你的眼前。换句话说，差文章是帮助自身思考"换作是我的话，我会怎么写"的绝佳材料，它比好文章要更容易分析。

那么，具体而言，我们该用什么样的视角来阅读一篇差文章呢？

阅读差文章不是要挑错，不是要指出"这里的表达方式不好"或者"这句话语法不对"，这样做并没有什么好处。最重要的是站在作者的角度，与作者看同一片风景，然后尝试思考他为什么会犯这样的错误。

例如，有的书从开头到前半部分都很有趣，但到中间部分就突然乱了节奏，一直乱到了最后。这种情况与其说是书的整体结构有问题，倒不如从作者的"耐力"上寻找原因。

在耗费长时间写一部几万字甚至几十万字的作品时，作者不可避免地会在写作过程中感到疲劳。

他们写着写着就忘了当前的论述在整本书中的定位，有时是写作者自己对创作的主题感到厌烦，有时则是写作者对创作的主题思虑得太多，反而迷失了方向。写作者的心情也从干劲满满的"我想写"向"我想写完"倾斜，于是写到后面便成了虎头蛇尾。这无关乎当事人的技能或职业如何，这是许多写作者都会掉入的陷阱。

既然如此，我们要思考写作者是在哪里开始累了，在哪里开始偏离了，又是在哪里开始急着得出结论？同样也要思考当写作者没有了原来的心气，文章失去了什么，它的结构是如何崩溃的，以及我们如何避免犯同样的错误。如果从这个角度去读，我们便能将一篇差文章与自己的写作关联起来。

所谓 "差文章"，指的并不是那些 "技巧上不成熟的文章"。

和技巧、投入时间都无关，只要是 "写得杂乱的文章"，就都是差文章。这就是为什么即便是写作技巧娴熟的作家也有可能写出差文章。分析一篇差文章，就是在阅读它的作者的 "杂乱"。

那些经过编辑和审校人员之手面世的出版物中几乎很少能找到毫无条理的文章。像拼写错误、语法错误和成语误用等，几乎都被订正了。然而，那些看上去读得通，却总让人有一种违和感的差文章则多如牛毛。

作为一个好读者，请不要对这种违和感视而不见。

让我们成为对 "杂乱" 刨根问底的读者，探寻违和感的真正本质。

写作者在写这句话的时候是怎么想的？还是因为他没有考虑到什么才写成这样的？

只有成为一个对差文章严格的读者，才能对自己的写作也同样严格。

为了阅读 "我" 这个人

在 "差文章" 之外，还有一些文章让人只能用 "讨厌" 来形容。

这些文章在技巧上无可指摘，也没有偷工减料，甚至讲的内容还挺不错，但你就是喜欢不起来。文章中的某些观点让你生气、厌恶，或者是想要反驳。

面对这类文章，很多人都是根据个人喜好选择是否去读，而不是根据文章自身的好坏。如果你坚持乱读，应该会碰到不少这样的文章。

与差文章一样，希望你同样能够认真地去读一读这些"讨厌的文章"。

例如，当和恋人分手时，我们可以列出一大堆对那个人失望的原因，或者那个人身上让自己讨厌的地方。我们甚至可以随心所欲地饮酒对谈至天明，一吐为快。

但是，当我们喜欢上某个人时，却无法讲清楚是为什么。"我喜欢他/她是因为……""他/她身上吸引我的是……"，我们越是想解释得具体，就越是偏离我们的真实感受。"因为……我才爱上了他/她"，那些具体而独特的理由不过只是事后从结果倒推而来的罢了，只有"等注意到的时候，我就已经爱上了"才是真正的感受。所谓"坠入爱河"，就是这么回事。

一个人对文章的好恶，大抵与此相似。

我为什么会喜欢这个作家？我为什么会被这篇文章吸引？这样精彩的文章中藏着什么秘密？以这种方式试图分析自己的"喜好"并组成语言，最终往往会抓错重点。你越是分析，就越是偏离自身主观，像是在对着一份清单逐条核对货物一样。最终却对自己的感受撒了谎。

在这一点上，你的"厌恶"便不同了。

那些不喜欢胡萝卜、香菇或纳豆的人在谈起自己的"厌恶"时，往往分析得头头是道，词汇十分丰富。即使只是单纯地在生理上有一种厌恶感，这种"厌恶"也能够被逐一分解，并组织成语言加以表述。

如果你只有一个模糊的理由也没有关系。就从文章中找出让你产生厌恶感的句子开始吧。

"一副高高在上的样子，摆什么架子。"

"措辞太粗俗了，受不了。"

"光是说得好听，感觉很伪善。"

"作者太自我陶醉了，真恶心。"

"写得弯弯绕绕，根本看不懂。"

假如你不喜欢那种"光是说得好听，感觉很伪善"的文章，那么不妨再进一步思考，你为什么会不喜欢那种文章（或者作者）？

- 如果一篇文章净是在说漂亮话，那它肯定在哪里撒谎了。
- 作者撒了谎，为的是让自己看起来很高尚。
- 作者认为"只要这样写了，就可以骗到读者"。
- 我不能忍受欺骗，所以想要反驳它。
- 试图欺骗读者的作者，根本没把读者放在眼里。
- 也许我讨厌的其实并不是"漂亮话"和"谎言"本身。
- 我无法容忍作者把读者当成傻子的行为。
- 我讨厌的是那些把读者当成傻子的文章。

当你以这种方式直面自己的"厌恶"并深入挖掘时，就会逐渐看清那个深层的"我",从而理解"我"想要成为的样子。在上面所举的例子中,你讨厌的是"把读者当成傻子"的行为,强调"不可忘记对读者应有的敬意"。由此可以看出你理想中的自己的模样。

坚持读完一篇自己厌恶的文章,对任何人来说都是一项痛苦的工作。你也没有必要特地去挑一大堆这样的书去读。但如果你能从中领悟到文章令你痛苦的理由,也就找到了自己前进的道路。

读书的体力和改变自己的勇气

如果有人问你的座右书是什么,你会回答是什么样的书呢?

有趣的是,当要选出一本座右书或者"改变我的人生的书"时,大多数人都会选择自己年轻时读过的书。这些书有童年时代读的、学生时代读的,最晚也只是二十几岁时读的,尽管在以后的生活中我们仍然读了很多好书。也许我也一样,如果要我说出我的座右书,我应该会从自己二十岁出头时读过的陀思妥耶夫斯基的长篇小说中去选吧。思虑再三,我最后可能会选择《卡拉马佐夫兄弟》。

这让我想起了"读书的体力"这个说法。

许多中年人和老年人都会这么说:"年轻的时候有体力,也有时间,所以才读得了那些晦涩的哲学书籍和大作家的长篇巨著。但现在都四五十岁了,自己也没有那么多的时间和体力了。'读书的体力'已经大不如前,所以也读不了那些长而难懂的书了。"

年纪上去了、工作太忙了、体力不够了,种种原因让人对大部头的书籍望而却步。好不容易下定决心开始阅读,却发现自己已无法像当年那样集中精力，于是很快就生出了一种受挫感。我深知那是种什么感觉。很多时候，我也觉得自己"读书的体力"已大不如前了。

但这真的是"体力"的问题吗？

如果没有时间和体力，是不是就只能去读些轻松简单的东西呢？

不，我认为并非如此。

所谓座右书，乃是改变自己人生的书。就像我在二十岁出头的时候遇到了我的座右书《卡拉马佐夫兄弟》，但这并不是因为它是"全世界最伟大的小说"。问题不在于读了什么书，而在于自己当时所处的状态。我在二十岁出头的时候，已经做好了"改变人生的准备"。我的人生观和价值观将如何被动摇、它们将如何被更新，对于这些我都做足了准备。这就是为什么那本书成了我的座右书。如果我十年或者二十年之后才开始读陀思妥耶夫斯基，恐怕《卡拉马佐夫兄弟》和他的其他长篇作品就不一定还会是我的座右书了。

你是否有勇气通过读一本书改变自己的生活？

你是否有勇气颠覆迄今为止所接受的常识和价值观？

所谓"读书的体力"下降，首先是"改变的勇气"（内心的可塑性）下降，其次才是体力的下降。

我们害怕去改变心中的某一处地方（害怕自己的价值观产生动摇），所以只敢伸手去拿简单好读的书。这样即便读了一本好书，它也无法成为我们的座右书。

如果你把读书看作是"知识的输入"，那么哪怕你读了成百上千部名作，也不会遇到你的座右书。而如果你愿意改变自己，那么不论你已经多少岁，都可以更新自己的座右书。更新自己的座右书，也就意味着更新了你自己。

这种心态不应该仅仅局限于阅读者，这同样也是写作者所应具备的心态。

如果一个取材者没有"更新自己"的意愿，那么无论遇上多么有意思的材料，他也只会在最后来一句："哦，原来是这样。"对他来说，信息只不过是"别人的事"。他在写稿时不曾"走心"，更不会把所获得的信息当成是"自己的事"。他只会把撰稿当成是信息的整理。这样的原稿怎么可能会有趣？

要成为一个优秀的取材者，你就必须拿出改变自己的勇气。

不要故步自封，要有勇气让对象影响你，要有勇气一次又一次地更新自己。

只把材料当成"别人的事"而写出来的原稿，不能算是"回应"。

第2章　问什么，怎么听

取材为什么难

在刚开始从事写作的时候，那些富有经验的老编辑教给了我很多关于如何写好一篇原稿的知识。每次我给杂志写文章，编辑都会交还给我一份被批注得"满篇红"的原稿。需要修改的问题多种多样，如语法错误、连接词重复、表述前后不一致、句子太冗长、有的地方可能会让读者不舒服……虽然这些都是基本中的基本，但确实也是十分宝贵的指导。

现在的我已经过了以前照顾我的老前辈们的年纪了。为了回应年轻的写作者的需求，我也会给他们的原稿添上许多"红笔"。我真诚地希望我的修改建议可以给他们一定的启发。

正如我在前面所说的，"写作"本身也或多或少能给人带来学习的机会。你可以通过阅读来学习，也可以直接从自己的前辈那里获取建议。

而"采访"（在本章后续内容中，统一将采访称为"取材"）的情况则与此相反。当需要进行面对面取材时，还是新人的写作者就被直接"扔"到了取材现场。就算请自己的领导或者前辈陪同取材，也只能请几次而已。取材是没法让人手把手教的。在没有榜样可学习的情况下，新人写作者不得不独自面对取材工作。

还有一点比较麻烦的是，取材很难得到反馈。

没有前辈会给你的取材用红笔批注，告诉你它写得到底好不好，如果写得不好又该怎么改。这样一来，即便你写好的原稿很无聊，也很难找出具体的问题发生在哪里，也不知道到底是写作技巧的问题，还是取材过程中的问题。可能所有熟练的取材者都有一套自己的方法，他们不在乎别人的方法如何，只按照自己的方法去坚持取材。

就连我也是如此。只有在把自己的原稿和别人写的原稿进行比较之后，我才会惊奇地发现"原来还可以这样表达"，或者反思自己本可以写得更好。有了比较的对象，才能让人有更多的发现。

然而，从原则上来说，自己做的取材和别人做的取材是无法进行比较的。因为大多数取材都是在封闭的空间中进行的，就像是个"黑匣子"。

在本章中，我们一同来思考取材（其中也包括采访）的理想状态。

这是一个没有人教过我，同时我也没有教过别人的领域。而我其实也并不是一个十分健谈的人，特别是在个人生活中，我说话的方式倾向于简单明了，总体上比较安静。

但也正因此，才有一些可以表达出来的基本原则。你不必像电台主持人那样健谈，不必像喜剧演员那样能说会道，即便在他人面前你会有些胆怯，也完全有可能进行一次不错的取材。

别把取材当成面试

仔细想来，取材现场真是一个神奇的空间。

初次见面的两个人，分别被安排为"听话人"（采访者）和"说话人"（被采访者）的角色，然后面对面就座。在谈话内容都将被记录并公开的前提下，他们围绕着一个确定的主题进行谈论。虽然采访后可以听到录好的录音，但多数情况下编辑也会到场，或许还会有专门的摄影师负责拍照。这是一种十分"非日常"的场景。

拿我们身边熟悉的空间来举例的话，我想与之最相似的就是"面试"吧，而且面试和采访在英语中都叫"interview"。不妨设身处地站在接受面试或者接受取材一方的角度，来思考一下这种空间吧。

- 被好几个人围住，还要求说出自己的想法。
- 别人问什么就答什么，谈论其他任何事都会被认为是不礼貌的。
- 自己主动提问的机会有限，往往都是被对方的提问"轮番轰炸"。
- 自己回答问题的表现将决定他人对自己的评价。
- 永远也不知道对方接下来的问题。
- 看上去是在对话，实际上是对方在提问。
- 对方也许很了解自己，而自己却对对方几乎一无所知。

不论是对于接受取材的一方还是面试的一方，上述几条几乎都成立。

或许你过去也接受过某种形式的面试。现在假设你要面试一份工作。

在工作面试时，听话的一方是面试官，而说话的一方则是你，也就是求职者。你对这种气氛感到紧张，不知道面试官将抛出什么样的问题，甚至有些焦虑。面试结束后，你可能会后悔，后悔不该那样回答，后悔不该说出那样的话……因为"面试"并不存在所谓的标准答案，所以事后你也很难产生一种"很顺利"的感觉。

事实上，接受取材的人也是这种感觉。

不论他接受过多少次采访，不论他的笑容看上去多么灿烂，不论他是否会讲个笑话来调节氛围，只要身处"取材"这一空间之中，他便不可能有"完全和日常一样"的感觉。即使他不紧张，也会有防备。就像你在面试工作时总想着说一些好话，或者避免说错话，从而展示自己的良好形象，获取对方的好评一样。当置身于"取材"这一非日常的空间中时，接受取材的一方也是同样的心态。

请记住：无论是取材还是商议，又或者是和家人朋友聊天，总是由听话人来创造气氛的，也就是采访者。不论对方是多么了不起的人物，还是一个让人尴尬的问题制造者，都是一样的原则。如果你是一个好的倾听者，那么对方的状态就会很好，想说多少就说多少；而如果你是一个糟糕的听众，表现得像是个面试官，那么对方就会有所防备、表现得不高兴、闭口不谈或者故意给出些牛头不对马嘴的回答。掌控对话主导权的其实是听话人一方。

那么，我们要如何成为一个好的倾听者呢？

首先，我们必须重新思考"听"的内涵。

分解"听"的意义

时常有人把对话比作是"接球游戏"。

如果把话语看作是球，那么扔球、接球、扔回等动作则可以看作是采访者与被采访者之间的交流。在接球游戏中，双方需要保持一个合适的接球距离和扔球速度，以保证对方能够接住，并且时刻对球保持控制。在对话中需要注意的问题与接球游戏非常相似。

然而，我在取材中完全不会去做什么接球游戏。事实上，我还觉得最好不要有意识地去玩什么接球游戏。

当我们在进行接球游戏时，基本上担任的都是投手。换句话说，我们只考虑如何投：往哪里投、用多快的速度投、投什么样的球。当球正好落入对方的手套时，我们感觉十分舒畅，于是想着下次要从更远的地方以更好的方式投出更快的球。

对话中的"投手"则是那些只考虑接下来该说什么的人。

如果一个人只顾着考虑自己接下来该说什么，他就很难听进对方说的话。他的脑袋里积攒了一大堆的问题，甚至会希望对方赶紧让自己有机会问出去。虽说是接球游戏，但实际上这种人并没有真正接住对方扔回来的球。

这就是为什么我不用接球游戏的模式去看待取材。

对方作为一名接球手，他要戴好他的手套，拉开架势，牢牢地守在那里。他要做的就是不断地接住投手投出的球。当然，他也要把球扔回去，但不会取代投手的位置。

这就涉及"听"的定义了。在日语中，"听"可以分为三大类[⊖]。

第一类，也就是一般意义上的"听"，与英语中的"hear"相近，对应的汉字为"闻"。

第二类，表示专心地聆听对方声音的"听"，与英语中的"listen"相近，对应的汉字为"听"。

第三类，表示向对方询问的"听"，与英语中的"ask"相近，对应的汉字为"讯"。

举例来说，如果表示不经意地听到窗外的声音，英语中用"listen"；而表示听喜欢的音乐或者听别人说话时，英语中则用"hear"。

在英语中，两者的区别在于听的主体是否具有"能动性"。

当我们主动积极地倾听某种声音，并努力理解它所表示的含义时，被动的"听"就变成了能动的"听"。

如果能够理解这些，那么你就能把它和前一章的内容联系起来。

没错，在能动性的层面上，"听"和"读"几乎是一样的。当我们在"听"某人时，其实就是在"读"他。

因此，我认为，取材的七成都取决于一个人"听"的能力，剩

⊖ 日语中表示听的动词为きく，该词所对应的汉字有"闻""听""讯"。虽然读音相同，但根据所对应的汉字不同，其表达的含义也有差别。——译者注

下的三成则是"问"的能力。

在工作和生活中，我们大部分的时间都是在倾听和被倾听中度过的。我们光想着自己要说什么，就像是在进行一场漫不经心的接球游戏。反过来说，我们都渴望有一个真诚的倾听者（接球手）。人其实是不愿意说话的动物，不想把自己的心事大声诉诸外部。但他们也渴求被人理解或崇拜，想要"被听到"。能够不被干扰地让人倾听自己的声音，这乃是受人尊重、认可的最好的证明。

你可以先和自己的家人、朋友一起试一试。

如果你只是做一些像"嗯""哇"的简单附和也没有关系。只要你表现出积极倾听的态度，对方自然就会畅所欲言。

如何建立倾听的基础

在取材中，我们需要做的是积极主动地倾听，而不是被动地、心不在焉地只带着耳朵听。

这不是一个技巧性问题，而是一个写作者在取材时应有的心态。

然而，一提到心态，话题往往就会转向所谓的唯心论。假设我建议你："不要只是带着耳朵听，要积极主动地去'聆听'。"你也能够明白我想要表达的含义，但说实话，这些建议不过是唯心论中的废话。你仍然不知道该怎么做。

在本书中，我想尽可能避免使用唯心论的表述。因为很多所谓的唯心论，不过是那些无法用具体的语言表述和比较研究对象的家伙用来逃避的借口罢了。接下来，我想具体探讨怎么做才能实现具有能动性的"倾听的取材",避免唯心论。

暂且先把"取材"的话题放到一边,想一想你和朋友聊天时的场景。

在听朋友讲话时,我们一般有两种状态,一种是"心不在焉地听",另一种则是"积极主动地听"。那么,这两者之间的分界线在哪里呢?

①对方讲的东西很有趣。

②对对方很有好感。

③对方讲的东西对自己意义重大。

如果满足了上述至少两个条件,那么大多数听话的人都会进入积极主动的状态。哪怕对方连续讲上 10 分钟、20 分钟,听的人也完全不觉得累,甚至还想接着往下听。

相反,如果我们对对方没有什么好感,而且讲的东西又很无聊,又或者讲的东西和自己没有关系,我们往往就会左耳朵进、右耳朵出,我也不例外。我有时在听人说话时也会心不在焉。即便是在现场采访别人,也有一些话题让我感到无聊,更不用说是和朋友聊天了。一共一个小时的取材,而且所讲的东西全都十分有趣,这样的情况真的很少。

然而,要求接受取材的对象一定要提供有趣的内容,其实这本身就是一个错误。如果有人抱怨说,写不出好的原稿都是因为对方讲的东西没意思,这就显得非常不专业了。让我们再重新审视这三个条件。

"对方讲的东西很有趣"是我们无法控制的因素。这取决于说话人的个性、学识、说话方式、人生经验、当天状态等，具有很大的不确定性。

而"对对方很有好感"和"对方讲的东西对自己意义重大"则是自己可以控制的因素。当听的主体产生了好感或者强烈兴趣时，主体才成为"我"。

因此，每次取材前我都会做好调查。

我会尽可能多地提前浏览取材对象的著作、音频、视频、过往采访、社交媒体（如博客）、取材对象所处行业的情况，以及各种相关网站，但我并不会把它们当作取材的"资料"来读。我是为了让自己对取材对象产生好感，为了找出让自己产生好感的"线索"，才尽可能地广泛阅读。

当然了，在调查的过程中，有时也会对那个人产生幻想破灭之感：也许他的价值观很陈腐、也许他有歧视性的言论、也许他总爱说些虚浮的人生道理……甚至有时你会想，要是自己没看到这些就好了。

但是，人都有好的一面。

有的人，你可能不喜欢他的为人，可能不想和他当同事，可能不想和他做朋友，但你至少在某一点上对他表示尊敬，或者就他的某个观点而言，你能产生共鸣。这个"某一点"是一定存在的。如果发现不了，那就证明是寻找的一方，也就是取材的一方的怠惰。

而当你发现了哪怕只有一个优点，你也要在心中尽可能地放大它，从而培养你对对方的好感。甚至在与他面对面之前，你就应该已经认可他了。如果这样做，你在心态上自然而然地就做好了倾听的准备。

那么，如果你的取材对象是那种没办法预先调查的人，又该怎么办？

他没有写过任何书，也没有相关的新闻报道，更没有社交平台账号。面对这样的人，该怎么取材呢？

这时候，我总会充分发挥自己的想象力，假设几种模式。

比如，有时根据我的想象，他肯定是那种人吧，说不定他有过那种经历吧，他说不定是因为那个理由才选择了现在的工作吧……猜错了也没有关系，重要的是要花时间去思考这个人。哪怕只有一个小时或半个小时，也要提前思考他。或是根据他的头衔，或是根据他的年龄，或是根据他以往接受采访的经历，大胆地提出你的种种期待：如果他是这种人就好了，如果能和他聊上这个就好了……这样你只需要花一点工夫，就能够为好感的产生建立基础。在你们面对面之前，倾听的准备工作就已经开始了。

抛开作为写作者的自己

在取材现场，要当好一个倾听者其实出乎意料地难。

作为写作者或者编辑，积累的经验越多，反而越做不好倾听。这并不是因为他取材做不好，也不是因为写作能力不足，更不是在取材时偷工减料。相反，是因为太想写一篇完美的原稿，以至于无法静下心来倾听。

为什么会这样呢？

只要是采访，就一定有某个主题。而关于这个主题，取材者总希望对方"一定要谈谈某些事"。如果对方没有谈这些，原稿也就没办法写好。例如，你要以"恩师"为主题去采访一位奥运选手，你肯定会希望他能讲讲他是如何遇到自己的恩师的、师徒之间有没有什么难忘的小故事，以及铭记在心的恩师教诲等内容。

然而，取材时间是有限的。许多情况下，对方讲着讲着就开始偏题了，有时对方没有明白你提问的意图，有时对方是故意转移话题。而为了之后把原稿写好，取材者不得不把控局面：打断对方的话，把偏题的内容拉回到主要话题上，一个接着一个地提出自己事先准备好的问题……越是老练的写作者，在这方面的掌控能力就越强。可能许多人都会认为，只有能够掌控好局面，才能成为一个好的倾听者和写作者。

但需要指出的是，以上这些都是"为了写作者的方便"。

"我可不想在写原稿的时候太辛苦。"

"写稿所需的材料已经全都收集好了。"

"希望能够在规定的时间内顺利完成取材。"

出于以上种种想法，所以才规定了取材的流程，不允许有一点偏题。换言之，这种对局面的掌控是建立在剥夺对方自由的基础之上的。作为一个职业写作者，这也许是一条捷径。但作为一个取材者，这样的态度真的正确吗？

对此有不少争议，而我也不介意他人有不同的意见。

在反思自我时，我常常把作为写作者的自己和作为取材者的自己分开来考虑。

在取材现场的那个人不是"写作者古贺史健"，与取材对象面对面的是"取材者古贺史健"。当然，取材者的工作不是为了写稿而收集材料。每一次取材都是"一期一会[⊖]",要让这难得的机会给双方都带来好的结果——这才是取材者的工作。而之后将取材得到的内容整编成原稿才是"写作者古贺史健"的工作。取材者应该避免将对方看作是原稿的写作材料,或者换句话说,不能把对方看成是"物"。取材,应当慎之又慎。

这就是我在取材时十分欢迎"偏题"的原因。

我和对方都十分享受聊天过程中出现意外转折的乐趣。

不要打断对方讲话,不要执着于自己的计划,不要施加太多控制,只要顺其自然,扮演好一个倾听者的角色就够了。对方偏离主题,聊起了所谓的杂谈也没有关系。况且如果没有一定的好感和信赖,对方是不会聊什么杂谈的。如果和对方保持了一定的感情距离,那么再怎么和对方聊天,最多也就是聊聊天气、近况之类的,根本不会聊起杂谈。如果你们之间能进行真正的杂谈,那就足以证明你们之间的关系亲密。

聊到最后,听话人和讲话人才发现"本来没打算聊这些的"——在我看来,取材到这个地步才是最理想的。接下来的整理工作就交给写作者吧。

事实上,把"写作者"和"取材者"的身份分离开来,最终对作为写作者的自己是有帮助的。

不允许偏题,只允许按照计划提问,这样的取材无法取得超越

⊖ 日本茶道用语,指一生只有一次的缘分,在一定的期限内与某物或者某人只有一次相遇的机会,因此要以最好的方式去对待对方。——译者注

计划书的效果。或者换个说法，这样的取材无法让你超越自己（写作者）。

让我们再次思考"取材者"一词的含义。

写作者是一个内部空空如也的容器。打个比方来说，就是一个踏上了一片完全陌生的土地的旅行者。

如果旅行只能够遵从事先制定好的攻略（计划书），那么这样的旅行会有趣吗？仅仅是参观探访那些所谓的风景名胜和著名餐馆，这样的旅行又有多大的吸引力呢？相反，听取来自当地人的意见，直白地问出作为业余者的疑问，尽情探索那些陌生的地方，这才是旅行的真正乐趣，也才是取材的真正要点。

所谓取材，不是让对方按照你的计划回答问题，更不是让你照搬计划书、提问表。

"回过神来才发现居然都聊到那儿去了。"

"多亏了你，让我有机会第一次把心里的这些东西讲出来。"

如果取材双方都能有这种感觉，那便是最好的取材。

不要评判对方讲的内容

将取材视为"收集原稿所需的材料"的写作者，很容易在不知不觉中变得傲慢。他们一边听着对方讲话，一边做着自己的评价、判断，想着这段内容能否用得上。要是觉得对方讲的东西用不上时，他们就左耳朵进、右耳朵出，结果把取材弄得像是面试一样，给对方带来一种无形的压迫。

回想一下你自己在面试时的情况：你为什么会紧张？为什么一

到面试官面前，你就不能自由地表现自己？

答案很简单：你的一举一动都将成为被评价的对象。之所以会紧张，因为担心说出不合适的话，担心没有给出正确的回答，担心对方觉得自己不够优秀……

取材也是一样。如果你以"评委"的身份来到现场，只关心自己能收获多少材料，那么双方的交流恐怕就不会顺利了。

取材时的写作者既不是面试官，也不是法官，更不是审讯犯人的警察。硬要打个比方的话，应该像是会见嫌疑人的律师，把"即便全世界与你为敌，我也会站在你这边"作为一切的前提。如果你不这样做，对方就很难向你敞开心扉，只会像是接受面试的求职者一样，重复所谓的模范回答。

我认为这其实是一个关于"尊重"的问题。

从"给予评价"这个词就可以看出，"评价"总是带有一种"居高临下"之感。不仅是"不合格""不录取"这样的评价，那些如"优秀""有能力""业界开拓者"之类的积极评价，也都是在"居高临下"。

这就是为什么那么多艺术家和运动员讨厌被媒体称为"天才"。这不是因为他们谦虚，而是因为他们讨厌那种居高临下的评价。明明都不了解他们，无视了他们努力的过程，只根据一次的结果就称他们为"天才"，这是一种很不礼貌的行为。

如果你在取材时只考虑能给原稿带来多大收获，就会失去身为取材者最重要的东西，即尊重。一旦失去了尊重，你就无法静下心来倾听对方，只根据"能不能用上"的单一标准去评价对方所说的一切，只把对方看成是一个"物"。如此傲慢，只会使自己变得越来越任性。就算用这种方法写成了原稿，其结果也不过是"模范回答堆砌而成的内容"而已。这样的内容，甚至都不需要取材对象作为一个"人"而存在，因为没有个性的展现。更严重的是，如果一直坚持这种做法，你就很难和取材对象建立起真正的信任关系，因为对方也只会以"是否有用"的实用主义标准来判断你。

所谓评价，是指为了自己方便而得出的简单粗暴的结论。当你评价他人时，其实是在对他人的价值、能力、职业观、人生观和潜力做出定论。

请不要评价对方。

这是"倾听"和"阅读"的先决条件，是坚持思考理解对方、愿意通过倾听以深入了解对方的大前提。

切换提问的主体

接下来，让我们思考什么是"问"。

无论"听"有多么重要，没有"问"，取材就无法进行。在取材现场，我们应该问什么，怎么问，什么样的问题会让话题丰富起来，什么样的问题又会破坏现场气氛？

首先介绍一个简单的原则。

在取材时，既要有"该问的"，又要有"想问的"，并事先将两者区分开，这很重要。如果你没有问你"该问的"，你就没法写你的原稿；如果你没有问你"想问的"，你的取材就会很无聊。

如前所述，取材一定有某个主题。在"谁来说、说什么、怎么说"的三角关系中，主题就相当于是其中的"说什么"。只要取材有主题，那就总有一些"该问的"。

假设你正在就"改善记忆力的生活习惯"这一主题向一位神经科学家取材。当然，你要问的第一个问题就是关于"生活习惯"的。为了理解为什么那样的习惯可以提高记忆力，你还应该问一些外围信息，如大脑如何存储信息、为什么存储过的信息会消失、记忆力好的人和记忆力差的人之间有什么区别，以及记忆本身究竟是什么等。

在某种程度上，这是在为读者提问。

你是代表读者向他提问的。

你问的问题是读者在阅读时必然会产生的问题。换句话说，不管取材的人是不是你，这些都是你作为读者代表"该问的"。就像上二楼一定要有楼梯一样，就像楼梯上一定要有扶手一样，这些问题都是绝对有必要存在的。

而"想问的"则只代表自己。

如果说"该问的"问题的主体是读者，那么"想问的"问题的主体就是"我"。提这些问题是因为"我"想知道，与读者无关。也许其他写作者可能不会问，但"我"要问。即便它与取材的主题没有直接关系，即便它未必能写进原稿，但"我"无论如何都要抓住这个难得的机会，问出"我"想问的。

有了"想问的"问题的取材，才是扎实而有趣的取材。对方也会更积极，谈话也会更加深入。

因为这是一种"好感"的表现。

"我"之所以会有这些"想问的"问题，是因为"我"深入研究了取材对象，进行了大量的思考，并且对他产生了好感。当然，这种感觉会直接传递给取材对象。一个带着许多"想问的"问题前来取材的写作者，他是否对取材对象进行过深入思考，对方只要接触不到 5 分钟就能识别出来。当然，一个什么准备工作都没做、空手而来的写作者，也会被对方马上看破。

在提问时，可以明确地指出问题的主体。

换句话说，可以在提问的开头就亮明读者的存在，如"作为一个读者，我想问你关于……"或者"我相信很多读者会觉得你刚才说的东西很有趣……"；也可以强调自己的主体性，如"这是我个人非常想问的事情……"。重要的是你要明确地区分"该问的"和"想问的"，事先做好两方面的准备。

作为专业人士，你一定要具备分辨什么是"该问的"问题的能力，并安排好流程和优先顺序。然而，作为一个写作者，如果你只具备这样的能力的话，总会在某个地方遇到瓶颈。从坏处来说，这样只能创造出一些"无过无不及"的、没有趣味的内容。为了在取材时制造扩展和深入的机会，取材者一方必须要有"想问的"问题。

"老生常谈"的可怕之处

现在再让我们站在被取材一方的角度来考虑问题。

假设你最近出版了一本书，于是有些媒体想要采访你。你很高兴有媒体对自己感兴趣，觉得也是个宣传新书的好机会，便欣然同意了。

取材当天来了位年轻的写作者。取材很快就开始了，然而他却似乎有些不得要领。也许是太紧张，也许是缺乏经验，附和你的回答时也磕磕绊绊，而且他提的问题让你觉得他来之前好像并没有读过你的新书。要是继续跟着眼前这位写作者的节奏进行取材的话，恐怕也写不出一篇好的稿子。

面对这种情况，你会怎么做？

大多数人可能都会选择由自己来掌控局面。

于是你变得滔滔不绝，讲了许多如"希望写进新闻稿里的官方观点""我平时一直在讲的经典故事""备受欢迎的自己的段子"之类的内容。如果你有着丰富的接受取材的经验，你甚至还会刻意讲一些"经典台词"，足够直接拿去当作新闻稿的标题。

诚然，只要有了一定的材料，那么无论写作者自身能力如何，都能生产出一定水平的内容。或者不如这么说，如果你自己不积极跟进的话，永远不知道对方（写作者）最后会搞出什么样的内容。因为你不清楚对方（写作者）的能力高低，所以要尽可能地对冲存在的风险。

现在再让我们站回取材方的角度来回顾上述过程。

你没有事前做足准备，在还没读过对方作品的情况下就开始了取材。虽然取材刚开始时有些不太顺利，但后来对方开始变得十分健谈，于是取材进行得顺利了起来。你不禁心想：这次取材真是收获颇丰，肯定能写篇很好的原稿，我在取材这方面真是做得越来越顺了，取材只要这么做就对了……这样的误解也是有可能存在的吧。

事实上，取材方的确听到了一些有趣的故事，也感觉现场氛围很活跃。要是回去后把听到的东西好好地加以整理，也能相应地产出一些内容。

　　然而，这种活跃感完全是一种误解。因为对方对你这个取材者的能力感到不放心，所以他才开始"老生常谈"。对方通过讲一些之前讲过好几次的"经典段子"来规避你把原稿写砸的风险。因为对方不信任你，他才会变得如此健谈，充分为你发挥"服务精神"。

　　而完全由"老生常谈"堆砌而成的内容中，"信息的稀缺性"几乎为零。读者阅读时只会想：哦，又是那个故事啊。而对你来说，这样的取材也不会使你在取材方面有所成长。

　　如果你觉得这次取材比预期的要顺利得多，对方说话时有条不紊、思路清晰，那么这些内容很可能就是这个人的"老生常谈"。

　　如果你真的想创造些有趣的、有价值的内容，就一定要对对方的"老生常谈"保持敏感。虽然许多写作者都不喜欢偏题和杂谈，但那些被讲过不知多少遍的"老生常谈"才更让人讨厌。

不要混淆"真心话"和"秘密"

　　为了提升内容的价值，需要突出"信息的稀缺性"。

　　像是在别的地方也讲过的故事、世人皆知的大道理、浮于表面的标准回答，仅仅靠这些已知信息构成的内容没有任何内在价值。读者总是在不断寻找新的"邂逅"和"发现"。简单来说，读者追求的是"只有在这里才能读到的"。那些优秀的电影、戏剧、音乐会、游乐场等，都是靠某种"只有这里才有的体验"支撑起来的。如果在取材现场成功地让对方讲了一些以前没讲过的内容，那就是最理想的情况了。

然而，许多写作者误解了这一点，犯了致命的错误。

"问一些他以前从没在任何场合讲过的东西吧。"

"我来大胆地问一些其他取材者绝对不敢问的问题吧。"

"场面话什么的不需要，直接开门见山，问他的真心话。"

"要是对方在取材时总是放不开，那就永远也没办法套出他的真心话了！"

由于这样的心情太过急切，结果抛出了一大堆不合时宜的问题，成了一个没有礼貌且让人不快的取材者。

诚然，让对方说出真心话是很重要。让对方少说些场面话，也是这个道理。你不想表现得太过拘谨或者紧张，认为有必要抛出自己的问题，直指核心。然而，请千万不要把"真心话"与"秘密"混为一谈。我们写作者要做的取材不是去揭开一个人的"秘密"。那种让人说出自己不想说的话的取材，是新闻工作者要做的。而我们写作者要从对方身上问出来的，是"真心话"，绝不是什么"秘密"。

如果误解了这一点，你就很容易问一些没有礼貌的问题，甚至还会为此自鸣得意，心想：这种问题以前肯定没人问过吧；我和那些普通的写作者可不一样，我一定要穷追不舍问到底……有些取材者甚至会故意激怒对方，以此诱导对方说出真心话，还自认为这是种高级技巧。

作为一个写作者，我从来不会试图让一个人说出他不想说的东西。揭开一个可能损害他人隐私的秘密算不上是什么成就。我也不会将故意激怒对方、咄咄逼人、诱导式提问作为我的技术的一部分。我不愿失去对对方的尊重，而且也不相信这样的做法能够让我听到"真心话"。

明明没有人逼自己这么说，却不自觉地说了出来。

一些杂谈时的无心附和。

在心里想了很久，被人问了才第一次说出口的事。

这些才是所谓的"真心话"。它不是用手段、用策略"引诱"出来的，而是在轻松的谈话中不经意流露出来的，需要你去"捡拾"。现在你能够明白为什么我在取材时十分欢迎偏题了吧。

取材偏了题，双方处在一半取材一半闲聊的情况——在这种轻松的氛围中人往往很容易吐露自己的真心话，而在紧张的状态下是很难真情流露的。

锻炼提问能力的"连词"

在此重申：我不是一个很健谈的人。

我远不是那种聊天时能随时做出诙谐机敏的回应的人。取材时，我基本上是一个专心的听众，只能简单地附和"这样啊""原来如此""这很厉害啊"或"这好有意思啊"之类的话语，或者干脆保持沉默。而且说实话，我也没有任何意愿去提高我的聊天技巧。说话聊天不是我的本职工作，我认为我现在的样子就很好。

但当涉及"提问"时，情况就不一样了。

虽然我没有打算锻炼自己的聊天技巧，但我将不断努力提高自己在取材中的"提问能力"。对我来说，思考应该提什么问题已经成了一种习惯。当我在看电视时、读书时、浏览网络新闻时、碰到广告时、观看现场新闻发布会时、听人谈话时，都会保持思考。

如何思考提问？怎么做才能自然而然地提出问题？我的答案就是"连词"。

人类大脑存在着这样一种设计：如果把连词放在句子的开头，就会不由自主地思考句子的后续部分。

最典型的一个连词就是"但是"。

有些人在回应领导或者前辈的忠告时会说："但是我……"如果把"但是"放在句子的开头，某种反驳就会浮现在人的脑海中，即便是无中生有的。无论这是自我意识过剩、逆反心理的表现也好，还是说是自身软弱的反证也罢，那些人都习惯于用"但是"来开场，从否定的角度开始谈起。

利用这一点，我们不妨把"也就是说"放在句子的开头试试。

例如，你的一个朋友正在抱怨他的工作。听他讲完后，你可以在回答时用"也就是说"来开头。这样一来，问题就能自然地随口而出了，如"也就是说，你的意思是……""也就是说，你是想要……"等。这些问题并不意味着你对对方的抱怨表示同情，也不是在给出建议或者说教，只是单纯地想要试探出对方的真实想法。

在实际取材中，由于"也就是说"带有一种概括、臆断的语感，不如用"所以说"来替代。

当你听完对方讲话时，立即想一个以"所以说"开头的问题。

"所以说，你今后打算往那个方向发展，是吗?"

"所以说，某某其实本来不是那样的，是吗?"

"所以说，某某和你既是朋友也是对手，是吗?"

"所以说，这其实不是你的真实想法，是吗?"

这些都是可以接住对方的话头并继续发展的问题。

还有许多连词，如"如果这样的话""虽说如此""即便是那样""换句话说""另一方面"等，可以借助它们引出更好的问题。在你的脑海中多存储一些连词，不断锻炼以连词开头的提问能力，并且要尽量做到脱口而出。把它作为你的日常习惯之一，直到你能够不假思索地用连词提问。

有人说，英语母语者善于逻辑思维，是因为他们有在讲话中加入连词"because"（因为）的习惯。思考"因为"后面的内容以及用语言表达出它们之间的因果关系的习惯，从小就在他们身上扎下了根。这与习惯用"and"（接着，并且）连接句子的日语母语者有着显著差异。

这一点同样适用于"提问能力"。该在什么时候提问、该提什么样的问题，这不是我们稍作思考就能给出结论的问题，也无法一概而论。但可以确定的是，我们要能做到利用一系列的连词顺利地接过对方的话，并且深入挖掘、发展。

在取材中，如果你为了按计划进行到下一个问题而打断对方讲话，那么这场取材就不会有什么收获了。你应当接过对方的话，好让对方能够继续说下去。通过这种对话的模式，最终把双方都引导到最佳境界——"回过神来，没想到都讲到这个地方了。"

怎样打动自己

在本章最后，我想谈谈"提问"中最重要的事。

那就是提问的方法。它不仅与下一章、下两章有关联，甚至是贯穿整本书的重要线索。掌握好它，能让取材和原稿（内容）都变得有趣。

推理片和悬疑片的精华部分就在于它的"反转"。

你认为那人铁定是凶手，但没想到真凶竟另有他人；故事的最后，伴随主人公出生至今的秘密终于真相大白；心爱之人竟然是敌人派来的间谍……这些反转都是在"背叛与接受"的原则下制造出来的。

原先的期望、故事的前提，这些原本的认识竟彻底背叛了你。

然后，当你看到在"背叛"之下展开的全新风景时，你发自内心地接受了这一切，并不禁感叹："原来是这样啊！"

反转之所以能够成立，正是因为有"背叛"和"接受"的存在。背叛的幅度越大，精神上的净化作用就越强；接受度越深，读后的感动就越持久。以"反转"为代表形式之一的"吃惊"，乃是娱乐的一项基本要求。

我试图将这种"吃惊"带入取材之中。下面给出一些具体场景来说明我的意思。

例如，你问对方在上大学时做得最认真的一件事是什么。对方回答说，我上大学的时候光顾着做兼职了。

面对这样的回答，你除了"哦"地应答一下以外，想不到什么其他的东西。就算想要继续聊下去，最多也只是问对方做的什么兼职。

但如果你在提问前建立的假设是"这人在念大学的时候一定花了很多时间读书、看电影，所以现在才这么有知识和有教养"，情况又会如何呢？

在这种假设下，如果对方回答"光顾着做兼职了"，你将大感震惊，内心多少有些震撼。于是，你接着追问："那你有空看书或者看电影吗？"也许你还会一直和对方聊天，甚至聊到他读小学时的事，只为更加了解这个人。这样取材就变得有趣起来了。

又或者对方的回答正好与你的假设相符，一种"我就知道！"的激动之情油然而生，于是你又产生了新的假设，像是"这样的话，是由于那个原因才一直在读书的吧"等。

那些没有预先做好假设就提出的问题，我把它们称为"只管扔出去的提问"。

这样的提问把什么都交给对方，根本不愿意动一下自己的脑子，可谓是偷懒到了极点。不过，当然也有很多受访者即使面对这样的提问也能给出不错的回答，但这样却无法打动取材者自己的内心。因为他的内心处于被动的状态，产生的感动程度很低，最多也就是感慨一下"原来如此"或者"说得真好"之类的。取材者必须要提出更有能动性的问题，必须要主动积极地让自己的内心"动"起来。如果不这样做，取材就无法活跃起来，内容也不会有趣。

要使原稿（内容）变得有趣，关键在于"自己的内心被打动的程度"，我将在下一章更多地讨论这个问题。如果一个人不管听别人讲了什么都只有"哦"这样的回应，这就说明他的内心已经无法产生感动，他太习惯于"被给予"了。不要总是等着别人来给予你、打动你。能打动你内心的，是你自己。

第3章 调查与思考

取材的三个阶段

我认为取材有三个阶段。

可以说，大多数写作者都是在无意识中进行着这三个阶段。我在此将它们拆分成了三步并给它们命名，以便写作者能够明确地意识到每个步骤中应该做些什么。

第一步是"预取材"，是指还没有与接受取材者见面，没有接触过与他相关的作品，是一种事先进行的取材。换句话说，就是在没和接受取材者有过任何直接接触的情况下进行的取材。

"预取材"包括阅读与被取材者相关的材料、研究他所在行业、计划取材流程等事前调查。虽然有的写作者认为，为了避免先入为主，不应该做事前调查，但我并不同意，这样的态度不是一个合格的取材者应有的态度。我们不是去和对方聊天的，我们是去取材的。与只有"你和我"的谈天说地不同，去取材的写作者还背负着读者的期望。写作者是"我",但同时也是作为读者的"我们"。不能因为"我"一个人的不用功而剥夺了读者认识事物的机会。"无知"和"不用功"是不一样的。

第二步是以采访为代表的"正式取材"。

面对面的采访自不必说,听讲座、参加新闻发布会和谈话活动等也都属于正式取材。此外,还有一些不需要与他人有直接接触的正式取材。比如,为了写书评而读一本书,为写影评而去看一部电影,为了写新产品的测评而去尝试它,这些都可以算是正式取材。上述的种种行动可以说是取材的中心部分。

不妨想象一下接力赛的场景。

取材的对象是接力赛的第一棒。你从他的手中接过接力棒,以最快的速度向前冲,然后把它传给负责最后一棒的读者。不过遗憾的是,最后一棒的读者并不能和第一棒的取材对象见面,更不能直接从取材对象那里接过接力棒。在第一棒和最后一棒之间,必须要由你来负责传递。"正式取材"是写作者第一次也是最后一次和第一棒接触的机会。接过接力棒的你,可千万不能把接力棒(信息)给弄掉了。

第三步是"后取材"。

如果你进行的是一场采访,在采访结束之后,你必须要做一些额外的调查,把现场没想明白的问题都弄明白。你要不断思考,直到感觉自己已经完全理解。在构思结构或创作原稿时如果发现了新问题,那么调查仍要继续。你要不断坚持调查、思考,直至形成你自己的理解。这种自问自答就是我所称的"后取材"。

当然,即便在开始撰写原稿后,调查资料仍有可能会增加,相应地需要思考的东西也更多了。在写作的时候，我总是处在不断的调查和思考之中。就我个人的写作行为而言，调查、思考和自问自答这三者早已融入其中。

然而，由于它们已和"写作"融为一体，所以"后取材"很少会被拿出来单独讨论，它的重要性也很容易被忽视。

究竟什么是"后取材"呢？

为什么需要有"后取材"呢？

采访结束以后，第一件事该做什么？

对于这些问题，我想概括性地用一句话来回答：找出你不知道的东西。

这句话要怎么理解？让我们一起往下看。

为什么会写出让人看不懂的文章

写作者应该只去写那些"自己懂的东西"。

这是一项基本原则，再怎么强调也不为过。

这世上有很多"让人看不懂的文章"。

尽管它的写作者很专业，又有一定的写作技巧，但最后写出来的文章还是让人看不懂。虽然辞藻丰富，专业术语和修辞技巧也运用得十分到位，但读到最后却还是很难理解文章到底想说什么。虽然他们状态好的时候能写出妙趣横生的文章，但状态不佳时写的文章也着实让人难以理解。看看你的周围，也许你会发现不少人或文章都属于这种情况。那么，究竟为什么会这样呢？

文章让人看不懂，其实就是写作者自己没弄懂。

它不是一个技术问题，也不是所讲内容的难度问题，而是因为作者自己都还没弄懂就开始夸夸其谈，所以写出来的文章让人看不懂。别的领域暂且不论，至少在取材者（写作者）的文章方面，原因只有这一个。

假如你要采访的主题是"我最喜欢的电影"。

现在你的采访对象是位知名演员，并且他还是个重度电影爱好者。你向他提问，让他列出一生中看过的最好的三部电影。不愧是专业级别的眼光，他说的三部电影都是你没听说过的。于是取材结束后，你在网上搜索了电影的标题，通过网络查到了导演、演员、故事梗概等信息。在此基础之上，你再整合采访对象的谈话内容，最终写成原稿。

恐怕这样写好的原稿最后还是会让人不知所云，难以理解。因为你都不了解那几部电影的内容就动笔写起来了。你都没有看过这些电影，只靠道听途说加上自己的理解就去写了原稿。

如果是一个负责任的写作者，那么他不只是会去看这三部电影，甚至还会去看这三部电影的导演的其他作品。即使自己以前看过，也要再看一遍。如果以取材者的视角重新观看一部电影，一定会有新的发现。这样一来，你在采访中听到的话语将会以更立体的方式呈现出来。

就我而言，除了上述作品之外，我还会去阅读导演和演员的传记。如果有的话，我还会购买该电影发行时的电影杂志，试图了解当时流行什么电影、电影业出现了什么趋势。如果能思考到这个地步，你的脑海中就会自然而然地出现某种假设：这个演员选了这三部电影，他一定是有这样的人生观、家庭观或者事业观。有了这种假设，我们就可以从另一个角度来看取材对象，从另一个角度来重新审视他说的话。在重新审视的时候，往往又会有新发现。

有一点常被误解："好懂的文章"并不是指"降低水平写出来的文章"。

写作者非常清楚自己在写什么。他是在理解了取材对象的基础之上去写的，而且在他观察对象的镜头上没有一点点模糊。"好懂的文章"指的正是这种"镜头干净，毫不含糊的文章"。

这样你就能理解"后取材"的重要性了吧。

你、我、我们身边的许多人其实知道的东西都很多。比如说第一次世界大战、里约狂欢节、猫王……这些我都知道，相信你也知道。我甚至还能加上一些简单的说明，聊上几句。

但我们之中又有多少人可以断言自己"了解"这些？

至少我还不能。我从来没有用自己的大脑去认真思考过这些。我也不曾深入调查过、深入思考过，更不要说从中得出自己的结论了。我只是不加批判地将被给予的信息输入进了脑子里。换句话说，我只是"知道"，只是作为知识知道它们，却并不了解它们。

事实上，取材和这个是一样的道理。

通过取材，写作者输入了大量信息。他们阅读资料，亲赴现场，听人讲话并提出问题，不断用新的信息填满自己这个空空如也的容器。

但这些信息大多属于"知道"的范畴，写作者没有用自己的头脑思考过它们，更没有深入地理解。如果不借助更多的调查和思考，就无法用文字把"知道"的东西给说清楚。说不清楚，就造成文章在一些地方含糊其辞。

那么，我们应该思考些什么呢？"思考"本身又是种什么样的行为呢？

虽然现在讨论的话题似乎变得越来越抽象而宏大了，但由于这点实在是太重要了，就让我们继续下去吧。

用自己的话去思考

"用自己的脑子想一想。"

从商务场合到教学现场，再到创意前沿，我们时常能在这些场景中听到上面这句建议。这句话的潜台词可能是在说：不要盲目相信被给予的信息，不要被常识束缚，不要盲目跟从大众媒体的潮流，也不要太过依赖搜索引擎，而是要多用自己的脑子思考。

但在现实中，只要我们在进行思考，就肯定是在用"自己的脑子"，难道还有人用自己的肚脐或者脚底板去思考吗？

此外，人更不可能用"别人的脑子"去思考。把别人的脑袋借来，通过远程操作让它思考，或者把别人得出的答案转发到自己的脑子里，这种情节恐怕只会在荒诞可笑的科幻故事中发生吧。

因此，"用自己的脑子想一想"的建议其实让人感到很困惑，似懂非懂。到底怎样才算用自己的脑子思考了呢？"用自己的脑子想一想"和普通的思考又有什么区别呢？这些都没有明确的答案。

因此，我觉得应该换一种说法。

用自己的脑子去思考，其实是用"自己的话"去思考。

只要我们还在用别人的话或者借来的语言去思考，就永远也无法真正理解。自以为在思考，但其实就跟机器空转一样。

以"innovation"这个词为例。

它在日语中已经是一个很常见的名词了，不用翻译也知道大概的意思。在日语中的一些场合，有人把它翻译成"技术革新""刷新"和"新机轴"等。然而，就我个人感觉而言，"innovation"与"技术革新"这四个字之间存在着相当大的差距。我总觉得"innovation"这个词有种奇特的微妙之处。

硬要说的话，我认为"innovation"应该是种颠覆常识的东西，并且能通过它来推动整个社会进步，升级到另一个阶段，甚至是另一个层次。它不止步于某一事件的发生，还会创造出无限的可能性。这种感觉更像是"革命"，而不是"革新"。究竟该用什么样的词才能更好地描述"innovation"所包含的这些感觉呢？

经过反复思考，我想起了日本将棋中的"成步[○]"。

原本只能一步一步向前移动的"步兵"，一旦进入敌阵的第三行，就会升级成为"成步"，力量与"金将"一样，瞬间逆转形势。这就是我理想中的"innovation"。

当有人问我什么是"innovation"时，就算我回答了"技术革新"，那也是别人的话，里面根本没有我自己的思考，只不过是以前输入进脑子里的知识。

而如果回答"innovation 就是'步兵'升级成'成步'"的话，那才算是我自己的话，我完全可以说这是经过我思考得出的答案。当然了，"成步"不一定是正确答案。也许有更准确的词，也许"技术革新"才更合适。即便如此，这仍是我用自己的话，用自己

○ 类似于中国象棋中的"过河卒"。——译者注

的脑子思考，带有自己的判断的答案。所谓"用自己的脑子想一想"，其实就是一场用"自己的话"来捕捉取材对象的"战斗"。

取材不是只有"阅读"和"倾听"就结束了。

你必须还要用自己的头脑（话语）来彻底思考这个过程中获得的信息。在工作中，在卧室里，在卫生间里，在火车上以及其他任何地方，你都要思考。把取材对象身上的"含糊之处"全部擦洗干净，这也是取材的一部分。

为了扩大自由的范围

我在做"后取材"时，常常需要浏览大量资料。书籍、报纸、杂志、网站、社交媒体、CD 和 DVD 等，资料的种类也是多种多样。只要是看起来对我的理解有帮助的东西，我就会把它们一个一个弄到手。在完成一本书之前，我一般要翻阅 100 多本书，这里面还不包括报纸和杂志。

为什么要读这么多的资料呢？

假如要写一本关于某个企业家的书，至少需要读 50 本书。

当然了，不可能把 50 本书的所有信息全都塞进一份原稿里。里面会有许多重复的东西，或者一本书和另一本书相互矛盾的说法。在 50 本书中，真正具有参考价值、值得作为参考资料列在书的最后的，有四五本就已经不错了。

不过即便如此，读 50 本书总比读 10 本书要好，读 100 本书总比读 50 本书要好。即便你在采访（正式取材）企业家时双方都表现得十分完美，最后你也得读这么多。

如果你连一本资料都没读过就开始写作，那么你就只能写些你听到的东西。充其量只是复述别人的话语，删除不必要的细节，调整说话的顺序罢了。

但如果你事先读了 50 本书，你听到的东西就"活"了起来，有了自由。

说这些话的语境是什么？这段故事背后的历史、文化和社会背景是什么？在企业管理的世界里，他的观点有多新颖（或平庸）？其他的企业家和管理学家如何看待未来的企业经营管理？今天企业经营管理的主流是什么？他的观点是否有充分的证据支撑？他有没有可能是夸大其词或者记错了？你可以在以上种种问题的基础之上把自己听到的东西写成一篇好文章。

让我们说得更具体些。假设在一次采访中，对方说："经营中最重要的就是'利他'精神。"而这句话是整个内容的关键所在。

"利他"这个词在很多书中都可以看到。有直接介绍利他主义的书，有讨论赠予和交换的社会学著作，有介绍共享经济现状的书……借助这些书，我们要尽可能地加深对于在取材中遇到的重要关键词"利他"的理解。

原稿的核心是我们听到的东西，是"经营中最重要的就是'利他'精神"这一句话。

然而，我们拥有的外围知识越多，"可以言说"的范围就越广，界限也就越清晰。反过来说，我们知道得越多，就越了解哪些是我们无法言说的，哪些在别的书里已经写过了。这样一来，当谈到自己"可以言说"的内容时，我们就能够充满自信地自由创作。虽然同样都是写"自己听到的东西"，但话语的力度会有明显的提升。

当面对大量的资料时，我的脑海中就会浮现出一个牧场的样子。

几只羊挤在一起，在一个小小的牧场上吃草。如果读了 10 本书，牧场就会相应地变为 10 本书的分量；如果读了 50 本书，牧场就会相应地变为 50 本的分量；如果读了 100 本书，牧场就会相应地变为 100 本的分量，最终变成大牧场。而羊的数量（你听到的东西）始终没有变化。然而，你知道的越多，你读到的越多，你的牧场就越大，羊群（你的语言）的活动范围就越大，就能有充足的空间自由舞蹈。

要想获得语言上的自由，增加语言的力度，就尽可能地多浏览些资料吧！

抓住他人独有的文体

在阅读基于采访写成的原稿时，我有时会感到一种违和感。

这种情况在访谈记录中尤为明显：说话的两个人的语气和节奏几乎完全相同，在阅读时如果不仔细看，很难分辨清楚谁是谁。这可能是写作者用教科书式的、平直的、保证不出错的日语去写作的结果。

然而，好不容易有人接受了采访并进行了谈话，写作者却在写作中抹杀了对方的个性，读上去对方就像是个匿名人物一样，整篇文章平静而平淡。

我把这种文章称为"听不到声音的文章"。

文章中的"声音"，就是文体。哪些听不到声音的文章，没有那个人独特的文体（声音），也不存在个性。因此，这样的文章像是匿名的，而且无色无味、平淡无奇。听不到声音的文章就算能让我们看懂信息，也无法让我们看懂"人"。如果一篇原稿无法让读者看懂"人"，就很难做到引人入胜。

那么，我们怎样才能将"声音"注入原稿呢？我们要如何捕捉他人的文体（声音）呢？

① "怎么说的"比"说了什么"更重要

采访时，除非有特殊原因，写作者一般都会打开录音笔，方便记录谈话内容并带回去听。有了录音笔，就可以把对方的话全都保存下来，可以回去后再听一遍，重新确认现场都说了些什么，并理解这些话的真正含义。

然而，如果你认为"取材现场"本身也可以被保存下来，那就大错特错了。现场透露出的信息可不只有话语。

比如对方的表情、目光、手势、多久交叉一次手臂、多久换一边跷二郎腿……甚至还有对方的时尚品位，像是穿什么样的衣服和鞋子、打什么图案的领带、戴什么样的饰品、用什么文具、戴什么手表、指甲有多长……所有这些都是有价值的信息，只有在现场才能获得。事实上，正是在这种非语言的信息中，我们才能看到对方作为一个"人"的存在。

这就是为什么取材者必须对"怎么说的"给予和"说了什么"同等的甚至是更多的关注。毕竟这些都不是依赖机器、依赖录音就能保存下来的信息。

即使你很紧张，也不要转移你的目光。不要忙着做笔记，要认真观察正在和你说话的人。

　　记住对方的表情，注意他的身体语言。这时你也可以借助相机的力量。如果取材时有摄影师在场，就请摄影师在你写稿前先给你发几张照片。把它们打印出来，展示在你的办公桌上，这样你就可以在写作时看着对方的脸，一边想着"这个人在讲这些话的时候是这种表情"，一边进行写作。虽然看上去只是件小事，但它对于重现"声音"（文体）有很大帮助。

　　你能想起取材时对方穿的衣服吗？他的发型是什么样的？桌上放的是水、茶还是咖啡？这个人说话时有没有摸什么东西的习惯？如果这些你都想不起来，那么恐怕你关于"怎么说的"的记忆也是模糊不清的吧。取材不是只用耳朵听，还得用眼睛看。

②一定要亲自录入文字

　　过去，在报社或杂志社，将采访的音频转换为文字的任务往往会以"取材学习"之名交给新员工去做；现在普遍会把这种工作外包给专业公司去做。但是我认为，这项工作还是写作者亲自去做比较好，至少要用自己的耳朵把音频重听一遍。原因主要有二。

　　第一，音频中包含了很多无法转换为文字的信息，如说话的语气、语调、从被提问到开始回答之间的停顿、哪里说得太快了、哪里说得太慢了、回答什么问题的时候吞吞吐吐……就算有人帮你转换好了文本，但这些信息是你读不到的。要想获得这些信息只有亲自去操作或者反复听。"声音"之中必有情感。在听不到声音的情况下去揣摩他人的情感，实在是十分困难的一件事。

　　第二，在回听录音的时候，你就像是一个身处取材现场的局外人。仿佛有个人就在你身后，一直注视着作为听话人的你一样。每当你听录音时，心里总会想"哎，我应该在这里问个问题的！"或者"这段话可不能漏了，等会要深入挖掘！"。

这些都是在取材中自己没能问到的，同时又是读者想知道的东西。既然当时没有问，现在也没有别的办法，只好认真调查外围信息，思考并得出自己的答案。同时告诫自己：下次取材时，一定不能错过那个点。

③当你闭上眼睛时，能听到那个人的声音吗

现在请你想想你的熟人、朋友和同事。有的人你每天都见，有的人你多年未见，有的人你只记住了名字，有的人甚至连脸和名字都想不起，只有个模糊的印象。

我十分看重"声音的记忆"，它可以衡量我和他人之间的心理距离。你能想起那个人的声音吗？不只是想起一张脸、一个名字或一个头衔，你能想起那个人说话时的声音吗？例如，押井同学的声音我记得十分清楚，尽管从初中毕业后我就没有再见过他，但这表明他是我非常重要的朋友。与此同时，有些人我见过很多次，甚至上个月刚见过，但他们的声音我却记不太清了。虽然和他们算是熟人，但很遗憾，彼此的心灵却相距甚远。

取材对象也是如此。仔细聆听音频，把那声音烙在你的脑海中吧，直到闭上双眼，仿佛就能听到对方在你耳边说话一样。当然，这还包括了说话的语气和方式。当你写原稿时，在你的脑海中按下播放按钮，一边听着他的声音，一边展开你的思考。声音的记忆将帮助我们在原稿中重现对方的文体。

　　如果你能牢记这些要素，应该就能更加靠近"听得见声音的文章"。能否重现某种声音更多地取决于你接触它的次数，而不是依赖某种技巧。尽管有不少写作者不怎么重视取材时的音频，但我依然相信，没有比它更重要的宝库了。

"附体"写作真的可能吗

　　我经常被人称为是一个"附体型"的写作者。

　　意思是说，我写的东西就像是有人（取材对象）上了我的身写的一样，这样的称赞自然是让我喜不自胜。当然了，我并没有什么特异功能。

　　我所做的只不过是阅读并重现"那个人的独特文体"。这种感觉更像是我跳进了那个人的脑海内，而不是让他们附体。这是种能动的行为，而不是被动的。

　　在这里，我们可以参考从事模仿秀的艺人。

　　模仿秀是一门非常有趣的艺术，它并不只是单纯的复制（虽然有的模仿秀堪称是完美的复制，但最多只能让人感到钦佩，而无法打动人心或者引人发笑）。优秀的模仿秀展示给我们的是"很像是那个人会说的话"和"很像是那个人会做的事"。换句话说，他们不只是单纯地复制别人的声音和表情，而是汲取了那个人的个性、思想甚至行为准则之后再予以重现（尽管作为艺术存在着夸张的成分）。

　　写作者的情况也是如此。我们要做的不只是重现交谈时的情景，而且还要思考"那个人在这种情况下，会基于什么样的逻辑说什么样的话"。当河神拿着一把金斧子和一把银斧子从河里出来时，那个人会说什么、选什么？对他来说真善美是什么？在这个世界上，他对什么感兴趣，又对什么不感兴趣？他在工作和生活中的行为准则是什么？我们不是去模仿另一个人的文章，而是在理解了他的个性、价值观、思想的基础之上不断加深思考，推测"他肯定会这么做（或者这么说）"。我相信，这么做是有助于掌握取材对象的独特风格的。

现实中并不存在什么附体写作，鹦鹉学舌也不等于重现文体。文体不是文字，它是包括那个人的个性在内的"一切"。我们要在取材中逐步解读对方的文体。

最后的取材对象

"出道作包含了一个作家的一切。"

这是文学界（尤其是纯文学）常说的一句话。作家的出道作凝聚了他最想写的东西，即使在技术上显得有些稚嫩，但作家最初的冲动在其中得到了实现。这应该是大多数人对于"出道作"的理解吧。

但我想换一个角度来思考这个问题。

一个尚未出道的新人作家是没有编辑来找他约稿的。也就是说，他身边没有人会去建议他该写点什么好。他从自身的兴趣出发，从自己的经历中选择主题，一点点编织故事。因此，许多出道作没有经过多少"取材"就写成了。如果硬要说出个取材对象，那应该就是过去的自己、过去的经历和过去看到的风景吧。

这样从自己身上取材的出道作，自然会反映出强烈的"自我"意识。这种出道作从舞台设定到登场人物往往都包含了大量的"自传元素"。而第二部以及之后的作品则是向外界取材而写成的，它们和出道作当然会有很大的差别。

"从自己身上取材"的想法看上去是一种作家独有的、纯文学的行为，就好像在不断地深入勘探一口名为"自我"的井。但其实对于身为取材者的写作者来说，这也是一条必经之路。

在此，让我们再来思考一下写作者存在的意义。

我说过，写作者就是一个内里空空如也的容器。而正因为他们是空心的，所以才要认真细致地进行取材，像写回复一样创造内容。正如我曾多次提到过的，作为"取材者"存在才是写作者的本质。

然而，写作者不是一根连接水源和读者的水管。

写作者通过名为"我"的过滤器将来自水源的水输送给读者，他们不是一根简单的空心水管。即便水源相同，"我"写的原稿和别人写的原稿还是会有很大的差异。技术上的差异还是其次，首先是"过滤"上的差异。

在取材中，"我"感受到了什么，联想到了什么，又引发了什么样的思考？"我"发现哪些是有趣的内容，哪些又是多余的噪声？就像不同的人读书时会在不同的地方做笔记一样，如果作为主体的"我"不同，那么原稿的模样也会不同。因此，写作者必须还要向另一个关键人物取材才能写出原稿。那个人就是完成了取材的"我"。

请把麦克风朝向自己，问问自己对于这次取材有什么想法。

"你觉得这次取材怎么样?"

"你为什么会这样想?"

"具体而言?"

"你还发现了什么有趣的?"

"你为什么觉得它有趣?"

"他说了什么让你难忘?"

"如果让你换句话来表述,那会是什么?"

"在取材前后,你对对方的印象有什么变化,还是保持原样?"

"你为什么会有某种先入为主的观念?"

"他说的话里,有哪些对你来说很难接受?"

"他说的话里,哪些引起了你的共鸣?"

"如果再见到他,你会问他什么?"

"你有什么无论如何都要传递给读者的内容吗?"

取材结束后,尽可能多地向自己提问,问什么样的问题都可以。趁自己的记忆还算清晰,用力把麦克风按在自己嘴边,哪怕是强迫也要逼着自己说。可以只是在头脑里自言自语,也可以动笔把自己的回答记录在纸上。

抛给自己一个问题让自己回答,也就是所谓的"自问自答"。换言之,自问自答的本质就是"只有一个人的采访",即"自我采访"。

用自己的话来思考,从自己的身上取材。

在"后取材"中,最重要的人物就是你自己。原稿的写作者应该是一个有着自己的意志、感情和语言的人,他是作为"自己"在写作。

遵循理解和情感的四个步骤

写作者其实很爱沉默。

当我还是一个初中生时，就一直想成为一名电影导演。后来上了大学，我的梦想职业里又多了小说家。后来我拍了一些独立电影，也写了一些小说，最终意识到这两条道路并不适合我。

一言以蔽之，我是一个真正"无话可说"的人。我没有向外界大声呼喊的冲动，没有想要创造的世界，没有想要描绘的瞬间，也没有想和这个世界谈谈的愿望，什么都没有。就算我可以模仿电影和小说的形式，里面却没有任何实质内容。这是我在实际拍电影和写小说时的最大发现。

而现在我身边的一些优秀写作者也都异口同声地说："我其实没有什么想说的。"他们可能是喜欢写作的，但没有什么表现自我、展示自我或创作的欲望。越是一流的写作者，这种倾向就越是明显。

那么，写作者到底为什么要写作呢？

为了取材。写作者没有自己想说的东西，唯有通过取材发现"自己真正想要传递给别人的东西"。想要把它告诉那个人，想要告诉五年前的自己，甚至是十年前的自己，想要尽可能地分享给更多的人……想让他们点头称许，想让他们大吃一惊，想让他们为此热议。正是这种愿望促使我们写作者进行写作。我们没有什么想要说的，只是想把取材传递给别人，把自己的感动分享给别人。

这就是为什么我把写作者称为"取材者"。他们不是一颗自行发光的恒星，是向恒星取材，然后才成为"写东西的人"，是行星般的存在。

取材结束后，你有多少想要传递给别人的内容呢？

要怎样才能把它们完好无损地传递出去呢？

你想要传递的东西与读者想要知道的东西匹配吗？你是否牢牢地抓住了采访对象的核心呢？

在开始动笔之前，我会回顾取材的全过程，遵循理解和情感的步骤，仔细地考察自身的情感流动过程：从自己对某个主题一无所知到跃跃欲试，再到产生传递给别人的愿望。具体来说，主要有以下四步。

①动机——"听起来很有趣！"

在开始一次取材之前，即使你对这个主题一无所知，但至少你会感觉它还挺有趣。即使是编辑给你提供的机会，你也一定是觉得很有趣才接受的。你需要认真回顾一下，到底自己是对什么感兴趣，是人、行业、思想、原型机、一项研究或者理论，又或者是某个组织？

在此之上，继续思考你为什么觉得它有趣。可能对方是你非常想见的人，或许正好碰上了你感兴趣的领域，或许这是个热门话题，又或许你觉得这是个学习的好机会。作为专业人士的自己，作为爱好者的自己，作为普通人的自己，作为美食家的自己，作为潮流追求者的自己……想一想，到底是哪个"自己"觉得有趣？在考虑原稿的受众类型时，这是一个重要的提示。

②吃惊——"原来如此，我都不知道!"

在取材开始后，写作者总会遇到自己不了解的东西。

原来有这种人啊？还可以这样思考啊？研究数据居然是这样的？还有这段历史啊？这个国家、这座城市还有这样的制度啊？最新的医疗技术已经发展到这个程度了吗？我本来以为是 A，但其实却是 B？

你不知道的东西很可能你的读者们也不知道。至少不要把它当作一个众所周知的事实来谈论。请冷静地思考并回想，在开始取材之前你知道多少、不知道多少？哪些是常识，哪些是专业领域的知识？

当遇到自己不了解的东西时，你肯定会感到吃惊。

请不要忘记你当时吃惊的程度（情感的波动范围）。让你吃惊的信息大概率也会让读者吃惊。什么都知道、对什么都不惊讶的专家写的文章很难贴近读者的心。而正因为写作者自身是个"半吊子"，是个空空如也的容器，他们才会产生强烈的感动和惊讶，并想方设法地把这些感受传递给读者。取材者不要摆出一副什么都懂的姿态，也不要小看自己的读者，请把那个总能够对新鲜事物惊讶不已的自己保持下去吧！

③理解——"我懂了!"

取材结束后，要回听音频，调查额外的资料并深入思考。然后在某个瞬间，你顿悟了，产生了一种"我懂了!"的感觉——终于明白这个人在说什么了，取材时那些听不懂的话终于搞明白了。看了这个资料，我现在明白了；多亏了那个人说的一句话提醒了我，我懂了。

顿悟的瞬间能让人感受到一种难以言喻的快乐，就像突然做出了一道几何难题一样。而一旦做出了那道难题，你突然就想不明白为什么自己之前会做不出来。那个面对着难题苦苦思索的自己仿佛是个遥远的陌生人。

为什么我那时不懂呢？为什么我现在又懂了呢？我不懂是因为在哪里卡住了吗？什么样的误解和先入为主的观念让我误入歧途？我是走了多少路才到了理解的地步？在理解的路上，有什么路标给了我提示？那时迷茫的自己会希望别人怎样解释呢？

小心翼翼地复盘你的理解之路，并像绘制地图一样重现它。如果你能把你的思考历程（逻辑）展示出来，告诉读者"像我这种半吊子水平的人照着这条路走也能理解"，那么使你的读者理解应该就不是件难事了。

④冲动——"真可惜！"

对主题有了一定了解就开始动笔写作，还是为时尚早。你越是对取材对象有好感，越是了解他，你就越是有一种遗憾：这么优秀的人，怎么只有很少人知道？这了不起的活动，怎么会这样被误解和低估？这么伟大的想法，怎么就被赶到了边缘地带？这样厉害的一个原型机，做出来销售的产品怎么会这么粗糙低劣？

如果用一句话来概括这种遗憾，那就是"真可惜！"

那个人、那个组织、那家店、那项活动到底哪里可惜？它哪里还不够，哪里又过头了？它为什么会被误解？如果是你，会如何消除这种误解并传达真实的情况？

可以说，通过长时间取材发现的"真可惜！"才是内容的核心。正是有了"真可惜！"的冲动，才使我们能够在写作时感情充沛，洋洋洒洒。

好的取材从"动机"出发，路上遇到"吃惊"，然后到达"理解"，最终产生"冲动"。没有动机的原稿，写作者本人都没有吃惊之感的原稿，自己都没有弄懂就写出来的原稿，缺乏冲动的原稿，都是缺乏力度的。当你成功地把"动机、吃惊、理解和冲动"的故事线传递给读者时，就有了真正有趣的内容。

寻找最好的反对意见

从某种意义上说，取材者（写作者）是一份"去产生好感的工作"。

写作者要一个劲儿地靠近取材对象，不断培养对他的好感。正如我之前说过的，写作者是一个"即使全世界都与你（取材对象）为敌，我也会站在你这边"的人。正因为喜爱之至，所以甚至会产生"真可惜！"的感慨。

然而，"好感"是伴随着危险的。当你过分喜爱取材对象时，你就会看不见周围的世界。如果放纵这份喜爱，内容可能就会变得自以为是。

让我们具体地谈谈这个问题。

当我们太喜爱某个取材对象时，往往只愿意去收集那些论调与自身一致的资料。我们真诚地聆听那些立场和自己相同的意见、可以为自己提供援护的意见，点头赞许并继续寻找更权威的支撑。比如，那个大学教授也这么说，那个企业家说过一样的话，那位伟大的哲学家也曾说过……

但是，那些与自身观点相左的意见该怎么办呢？那些听起来刺耳的反对意见又该怎么办呢？

坠入"爱河"中的写作者看不清它们，更要命的是，写作者独独把目光放在敌营中"胡说八道的反对意见"的身上。

也就是说，他们把所有的反对意见都简单地归结为"胡说八道"。因为在他们看来，虽然有人反对，但他们的主张都是在胡说八道，他们是胡说八道的人，所以不用听他们说什么。很少有人会特地去寻找一个更一针见血、逻辑更清晰的反对意见。这就是通常所说的"采樱桃谬误"（cherry picking）[⊖]。

过分喜欢某个对象是完全可以接受的。每时每刻都想着那个人，那才证明你是个好的取材者。

但正因为你喜欢那个人，所以才要去寻找"最好的反对意见"。

寻找那些最好的反对意见，那些尖锐到让你有些想要退缩的反对意见，那些好到几乎可以推翻你自己观点的反对意见。让我们直面自身观点中的隐藏缺陷。那些不喜欢这个取材对象的人，究竟是不喜欢他说的什么？那些不同意他的人说"不"的论据是什么？自己要举出什么样的事例才能消除误解？

我所说的"在理解的基础之上写作"包括了反对意见。

有什么样的批评？有什么样的反对意见？又有什么样的误解？

　⊖ 原意是指只采摘自己喜欢的樱桃，引申为有选择地加工论据，只呈现对自身的论点有利的论据。——译者注

要在理解了这些的基础之上再写作。我们不仅要深入地理解取材对象，还要了解包围取材对象的种种目光。

而且如果我们能找到可以驳倒"最好的反对意见"的材料，那么就更加没有什么可担心的了，因为我们已经完全做到了"在理解的基础之上写作"。"最好的反对意见"其实是我们需要真诚面对的"最好的读者"。

取材，一场知识的探险

至此，在本书第一部分中，我们一同完成了关于"取材"的种种思考。对于期望尽快掌握文章写法的读者们来说，这样的开头可能稍显意外。让我们简单回顾一下各章要点。

取材是"阅读"。

只要写作者是取材者，那么他工作的基础就是"阅读"。对写作者来说，眼前的世界是一本翻开的书，写作者必须阅读日常中的一切，不断锻炼"作为读者的自己"（第 1 章）。

取材是"倾听"，也是"问询"。

闻（hear）、听（listen）、讯（ask），三者虽然在日语中的读音相同，但其意义大不相同。取材者不能被动地"闻"，而要积极地"听"，并在尊重对方的同时去"讯"（第 2 章）。

取材是"调查"，也是"思考"。

写作者应该只写自己懂的东西，因此写作者必须不厌其烦地调查、研究、思考，直到自己豁然开朗（第 3 章）。

"取材"的工作很容易被人简单归结为"查资料"和"做采

访"，因此常有人误解"取材"就是"材料收集"。然而，正如在前三章中所写，我所认为的"取材"绝非如此。

写作者在写原稿时，决不能犯的错就是撒谎。

这里说的撒谎不限于那种颠倒是非黑白的彻头彻尾的谎言。当写作者自己都还不甚了了就开始写作时，当写作者还没有充分调查和思考就开始写作时，"谎言"必会乘虚而入。你可以称之为"糊弄"，也可以称之为"诡辩"，都属于是写作者对读者的不诚实。

于我而言，取材是一场知识的探险——始于"知道"，终于"理解"。

正如"冒险"二字所揭示的，取材中充满了激动人心的时刻，给写作者带来了无上的快乐。每增加一本参考资料，就多了一片要探索的区域，探险之路就变得更加丰富，对对方的理解也就更深。当写作者喊出"我明白了！"的时候，他将获得在其他地方得不到的快感。这就像历尽辛苦找到了地下迷宫的出口，逃到地表后发现眼前是一片无人踏足的新大陆。

第一部分围绕"取材"讲了许多，目的就是让我们达到"理解"的地步。

为了不撒谎，为了保持对读者的诚实，也为了避免写出来的文章让人看不懂，写作者必须不断地调查和思考，直到自己可以拍着胸脯说出："我明白了！"写作者必须在理解的基础之上写作。在本书的第二部分，我们将进入关于"执笔"的讨论。

第二部分

执　笔

让人感到奇怪的是，许多教人写文章的书籍在风格上并不像是语文教科书，倒更接近于英语即兴对话的参考书。换句话说，这些书不是教人阅读和思考的，而是用来记诵知识点、技巧和造句的。的确，有些知识可以这样学习，但死记硬背的技巧缺乏灵活性，很难应用好。在本书的第二部分，我将避开那些需要死记硬背的技巧，在思考方面集中精力。让我们一同思考"写作"和"创造内容"的意义，并开始实践吧。

第4章　文章的基本结构

思考写作者的职能

写文章到底是怎么一回事？

文章究竟为何而写？

写作时要把注意力放在哪里？要从哪里开始写？

这些问题常令我们无所适从，不知如何回答。但如果把"取材者"这个词作为思考的出发点，问题就会变得清晰起来。

所有取材者（写作者）在创作原稿时都被期望着发挥出某种职能。这里的职能也可以说是"功能"。人们期望写作者去写什么，他们是为了写什么而存在的？换句话说，写作者的功能是什么？让我们先从这个问题开始（见图4-1）。

①录音机

第一个功能是录音机。

话语就像一阵风，一离开嘴边就不知所终。昨天你和某人说的

图 4-1　写作者的功能

写作者被要求成为话语的录音机、叙述的扩声器、思想的翻译机。

几句话已随着时间而流逝。到了明天，它们将一点点地从你的记忆中消失。

　　话语中蕴含的感情和重要信息该如何保留下来？为了解决这个问题，人类形成了自己的规则来书写每个单词，并将它们写在纸上或竹简上以便记忆。爱迪生发明的留声机也可以看作是这一方面的延伸。他发明留声机并不是为了听音乐，而是用来记录声音，并用录音机传播所记录的声音，就像写信一样。

　　这也是写作者的功能。

　　写作者像是一台记录声音的录音机，但并不像真正的录音机那样原封不动地录音。

　　写作者要去掉录音中的冗杂信息，使其具有可读性和可理解性，然后整理成文。与其说是为了记录，不如说是为了交流而保留他人的话语。将随风而逝的话语作为文字信息保留下来，这是写作者被赋予的一个重要功能。

②扩声器

第二个功能是扩声器。

世界上有两种人：声音大的人和声音小的人。研究者、企业家、社会活动家、运动员、政治家、艺术家、平民百姓……有些人在自己的专业领域里一直做着伟大的工作，但却因为声音太小而不为公众所知或被误解。如果他们的声音能够传播得更远，也许世界都会为之改变。因此，他们的声音宝贵而重要。

写作者就是跟随这些声音的"扩声器"。

写作者构建语境，提炼表达用语，放大微小的声音，大声地把那些重要的话语传播出去——这也是作为扩声器的写作者被赋予的重要功能。

然而，经人工之力放大的声音有时会失真。

在某些情况下，放大后的声音或许还是听不清楚，又或许与原本的声音大相径庭，又或许沦为了单纯的噪声。作为扩声器的写作者在努力让声音传播到更远的地方的同时，也要注意"如实地传递声音"。如果说话人自己的声音和魅力被破坏了，那么这一切还有什么意义呢？

③翻译机

如果能够理解写作者所被要求承担的上述两种功能，即录音和扩声，那么另一个答案也变得清晰起来——就是写作者作为"翻译机"的功能。

例如，将某人的口头语言转换成书面语言记录下来，或者把专家讲得晦涩难懂的知识用通俗简单的语言表达出来，以便让更多人理解。这些都是在"翻译"。

更广泛地说,这里的"翻译"还是一种用准确的语言去描述自己心中的模糊感觉的行为,是一种把自己的想法变成文字并传达给别人的行为。包括日记、电子邮件、读后感、和朋友聊天、组织语言以及写作,在这些过程中都要经过"翻译"的过滤。

写作者是一台兼顾准确性与易读性的"翻译机"。

没有准确的翻译,就无法记录好他人的声音;没有易读的翻译,那些微小的声音就无法传远。

写作就是翻译,而翻译是写作者的核心功能。

坦率地说,我自己也不清楚职业写作者在未来会如何变化。例如,互联网诞生后,职业写作的性质就发生了很大变化;社交媒体诞生后,又发生了翻天覆地的变化。其中有的变化我能够预测得到,当然也有我根本无法预测得到的。也许将来还会有更多这样的巨变吧。

然而,写作者的功能在未来是不会变的。写作者是录音机、扩声器,并且最重要的功能是翻译机。

在本章中,我想以"翻译"一词作为抓手,进一步思考写作的基础。

去翻译,而不是写作

翻译一般是指用某种语言去表达由另一种语言写成的文本。简单来说,用母语文章替换外文文章就是翻译,反之亦然。

而我想在更宽泛的意义上使用"翻译"一词。

例如，刚出生的婴儿通过哭声来表达自己的意思。他们饿了会哭，尿布湿了会哭，感到不舒服会哭，感到焦虑不安会哭，用哭声来表达自己的心情。但这种沟通方式的效率太低了。大人们不知道小宝宝在哭什么，而哭着的小宝宝可能内心也急得不得了。

终于，小宝宝学会了说单词和连贯的短语，能够更准确地表达自己的意思。

在"交流"（意思的互相表示）的语境下，这与其说是"学会说话"，不如说是"掌握了翻译的手段"。他们掌握了一种比哭声和面部表情准确几十倍的传达感情的手段，也就是"翻译"。他们能够翻译自己所处的环境，能够翻译自己想要传达的信息。这种表达更接近现实情况。当我们使用语言进行交流时，其实就是在翻译"自我"。

翻译还不仅仅是与他人交流的问题。

试着想象下面的场景。

你在一条狭窄的人行道上行走，突然听到身后传来自行车的铃声。于是你转过身来，看到一个骑着自行车的大叔按着铃向你驶来。他堂而皇之地在人行道的正中间骑行，看上去根本不打算骑到自行车道上。你别无选择，只能让路，就那么看着骑自行车的大叔通过。大叔甚至没有说一句"谢谢"或"对不起"就骑走了，仿佛这是理所当然的。

这场景光是想想就令人恼火吧。你也许会在心里默默骂道："真是个老混蛋。"

现在让我们冷静地思考这个问题：你是在对什么感到生气？

生气的对象当然是那个大叔，他居然在人行道上骑自行车，甚至还按铃要我让路（严格来说，这属于违法行为）。

那么，你只是从遵守法规的角度对那位大叔感到不满吗？

这还不是全部。比起违不违法，这个人理所当然的态度更让人火大。还有那吵人的铃声，那副理所应当的表情，都令人生气。又或许，是对自己没怎么想就给他让了路感到生气，对当时没有喝止住那人的胆小的自己生气。这样看来，生气的对象可能不是那个大叔，而是你自己。

这样的内省可以看作是一种"情感的翻译"，尝试用语言去思考那些非语言的情绪，如愤怒、悲伤和快乐等。在美术馆欣赏梵高或者塞尚的画作，你的心会忍不住颤抖。这本身就是一种美妙的体验。但好不容易你的心颤抖了，就应该把它"翻译"出来。未必要动笔写下来，未必要分享给别人。你最好养成将自己的情绪转换为文字的习惯。这是一种了解自我的方式，是认识语言的局限性的途径，也是锻炼自身翻译能力的举措。

我认为，学习如何写作其实也就是学习如何翻译。

文章不是从零开始创作的，它是对现有材料（思想、情感以及外部信息）进行细致翻译、调整的结果。

我们必须成为自己的翻译者。

而每个写作者都必须是他所取材的内容的翻译者。

所有文章都是翻译的产物，所有优秀的写作者都是优秀的翻译者。

在言文一致没有实现的世界里

写作者是取材者，而写作就是"取材的翻译"——这是我对理想中的写作者形象的概括。

文章的写法以及所谓的"文章术"，全都是"翻译的方法"，也就是"翻译术"。特别就日语而言，从口头语到书面语的翻译就是一种"文章术"。

很久以前，日本人在生活中将"口头语"和"书面语"区分使用。

从平安时代晚期到明治时代早期，文语和口语之间存在着明显区别，而且随着时间的推移，它们之间的差异更大了。与顺应时代变化而变化的口语相比，文语更为保守，有一种排斥变化的特点。

而明治时期兴起的言文一致运动打破了这一僵局。

这是一场全日本的运动，由坪内逍遥、二叶亭四迷、山田美妙和尾崎红叶等文学家领导，并且得到了明治政府的支持，旨在统一"书面语"和"口头语"。当时的年轻文学家们以外国小说和落语速记本为参考，试图创造出一种新的写作风格（文体）。1900 年，为支持他们的这种努力，帝国教育会（一个全日本的教育家协会）成立了"言文一致会"，言文一致运动逐渐发展成为一项全日本的运动。1904 年，第一部全日本通用的教科书《寻常小学读本》最终采用了口语体的文章（即实现了言文一致的文章），宣告了言文一致运动的完成。这就是日本历史上的言文一致运动。

尽管在此之后文语体文章仍存在于日本法律界和军部之中，但在第二次世界大战结束后也被口语体文章所取代了。今天，大多数日本人可能都认为自己就生活在一个已经实现了言文一致的世界里。

然而，真的如此吗？

无论是报纸、书店里的书，还是中学生写的作文和读后感，很少是完全用口头语写的，所有的文章都是根据某种书面语写成的。

例如，跟在句尾的"である"和"なのだ"常出现在许多日语文章中，而在现实口语中却几乎没有人会用它们。它们只在书面上使用，显然属于书面语。这种差异在现代日语中可以说是不胜枚举。这样看来，我们其实仍然生活在一个言文不一致的双重语言空间之中。

人们一般认为英语是一种书面语和口头语差距很小的语言。比如，日本的英国文学学者外山滋比古就引用演讲记录为例，阐明了日语中的言文不一致现象。

> 在外国，演讲的内容一般不用怎么修改就可以以书籍的形式出版，并且其质量也经得住专家的考验。然而在日本，由演讲内容整理而成的书和直接根据作者的原稿编辑而成的书表现出的风格完全不同，语气上判若两人。通过和外语进行比较，我们可以发现日语中存在的种种言文不一致的现象。
>
> 《日本语的逻辑》（外山滋比古，中公文库出版）

我个人十分理解外山滋比古的这一观点。

我之前在写一本介绍阿尔弗雷德·阿德勒的思想的书《被讨厌的勇气》（与岸见一郎合著，钻石出版社出版）时，我读了所有我能找到的阿德勒的著作。当然，所有翻译成日文的作品我都读过，那些尚未被翻译成日文的英文原版我也靠着字典大致浏览过。虽然阿德勒写了很多专业论文，但也面向普通读者出版了不少自己的演讲录。这对阿德勒来说是件好事，他的著作（基于演讲改编而成）至今仍被广泛阅读。

再举一个身边的有趣例子。

你在看一些日本电影或者电视剧的时候，是否会对它平淡乏味的台词感到厌恶？

编剧写出来的台词描述性强，显得十分刻意，带有几分戏剧的色彩。在我看来，这也源于书面语和口头语之间的背离。

只要剧本以文本的形式存在，就不可避免地会用上书面语，甚至连人物对话都用书面语去设计。这是因为我们只有"写作"这一条路，别无他法。如果台词完全用纯粹的口头语来写，恐怕又会有碍于看剧本的人的理解了。为了描绘人物情感和他们所处的情景，我们不得不借助书面语。

演员们遵循剧本，以一种不同于日常说话的方式说出"作为书面语的台词"。他们站在摄像机前，用一种非自然的方式表现自己的戏剧形象（说书面语的演员形象）。此外，演员还必须吐字清晰，确保观众能够听清每一个字。因此，说出这种不自然的台词也在情理之中。

比起剧本自身质量的原因，我认为这更多的是源于一种"言文一致的幻想"，即没有意识到书面语和口头语之间的背离。

在这一点上，日本的古装历史剧就做得很好。

特别是剧中武士的对话。当他们用当时的书面语说话时，观众竟不会产生一点违和感。

当我们在读一些教人如何写作的书时，经常会看到类似于"像说话一样写作"的建议。在学校课堂上，我们也常常被教导要"照你想到的去写"或者"跟着你的感觉去写"。每个人的思维方式不同，有不同的教学方式固然很好。然而，重要的是，我们应当具备一种"翻译"意识，打破言文一致的幻想。接下来，让我们思考一下这方面的方法。

语言的透视法

我们之所以如此需要翻译，还有一个根本性原因。

在日常生活中，我们并用语言交流和非语言交流，以求实现顺利沟通。语言交流就是"讲话"，而非语言交流则是"除语言之外的一切"。具体来说，就是声音的大小、声调的高低、手势、眼神、表情、身体姿势等一切非语言的东西。

就拿"什么"这个词来举例吧。

如果用一组括号把"什么"给括起来，我们就会理解为这是某人内心的一句话；如果在"什么"后面加上一个问号，变成"什么?"，我们就会理解为这是一句反问。

然而，仅仅是"什么?"还不足以让我们理解这句话中包含的情感。

也许说这句话的人是在很生气的情况下进行反问的，潜台词是："开什么玩笑，有本事你再说一遍?"

也许说这句话的人其实是为听到了好消息而感到高兴。这个好消息让他不敢相信自己的耳朵，所以才反复地询问。相同的一句"什么?"，其表达的情感可能截然相反。只靠这两个字和一个标点符号，很难做出判断。当然，如果说话的人就在你眼前，你能清楚地听到他的声音、看到他的表情，那么你就能立即理解其中的情感。

换句话说，音频从一开始就是不完整的信息，它应该由声音情况和面部表情来补充完整。现实中，如果你去录一段日常对话，然后再转换成文字，你就能很好地体会到这一点。缺少了声音情况和面部表情的"作为文字的语言"，不过只是一些冗长且不连贯的碎片的集合。

那么，从口头语到书面语的翻译究竟需要什么呢？

文字本身并不带有任何感情。要说能表达感情的符号，充其量也只有问号和感叹号了。文字没有声音，没有气味，没有触感，它只是一种工具。

那么，我们如何才能在写作中补充原本由声音和面部表情承载的丰富信息？

是多用情感化的表达吗？是多用具有诗意的描写吗？是多用符号吗，像问号、感叹号，甚至是颜文字？

我的答案和这些都不同。

我认为，在翻译成书面语时最需要的是逻辑和基于逻辑的语境。

不妨想象一下这样的场景。

把口头语翻译成书面语，就像是将你眼前的广阔风景转移到一张小小的画布上的过程一样。当然，绘画不可能再现风景中的声音、微风和气味。将三维的信息转化为二维的画布，这本身在原理上就行不通。

那么，画家们是怎样去描绘风景的呢？

他们发明了透视法。把近处的物体画得大，把远处的物体画得小，这个叫线条透视；把近处的物体画得厚重而清晰，把远处的物体画得淡薄而模糊，这个叫空气透视。通过运用这两种方法或其中之一，画家们成功地在二维平面上构建了一个三维世界。透视法是一种逻辑性、科学性以及数学性很强的方法。

书面语翻译也是同样的道理。

把包括声音和表情在内的三维信息（面对面谈话）转移到一张二维的画布上（书面文字），需要的不是绘画技巧，也不是丰富的表达，而是透视法（逻辑）。

你要做的不是原封不动地把看到的、听到的或感觉到的写下来，而是需要去思考逻辑的结构，形成自己的透视图。如何把文章写得有趣、如何掌握丰富的表达手法，这些都是在打好了逻辑基础之后才去考虑的。只有当逻辑到位时，读者才能接受你写的内容，没有困惑地读到最后。

"主张、理由、事实"让文章合乎逻辑

"合乎逻辑"指的是什么呢？

一言以蔽之，就是指你的论述自成道理。

这里说的"论"，是指某个人自身主观思考的总和。系统地阐述自己的思想、主张和感受，我们称这样的文章为"论"。比如工作论、爱情论、人生论、流行音乐论、石川啄木论……我们平常见到的各种各样的"某某论"都是写作者的个人主观论述，意在表明"我是这么想的"。本书中的"文章论"和"写作者论"也不过只

是我个人的主观看法。

而"道理"则是客观的。在谁看来都是一样的客观事实、真实案例、历史事实，它们的累积就构成了"道理"。

换句话说，如果基于个人主观的论述能够得到一些客观事物（道理）的支撑，那么这样的论述就是"合乎逻辑"的文章了。

"合乎逻辑"这个词可能给人的印象是在一个劲儿地讲道理，努力让事情看上去合理。但这种认识是错误的。"合乎逻辑"的文章的基本结构是主观和客观的结合，仅此而已。主观和客观就像是一枚硬币的两面。一篇真正"合乎逻辑"的文章既不是只讲写作者的个人主观，也不是只顾着罗列客观事实，而是做好主观和客观结合，让人看上去难分彼此。

我们可以根据下面的三层结构（见图 4 - 2），来思考主观和客观的结合。

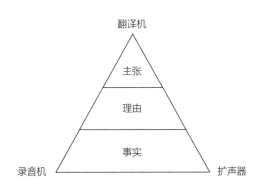

图 4 - 2 "合乎逻辑" 的文章的基本结构

一篇"合乎逻辑"的文章由"主张"、提出该主张的"理由"以及支持该理由的"事实"所组成。

①主张

如图 4 – 2 所示，"主张"处于这个金字塔的顶端。

所谓主张，是你想说的、想传达的、想让别人知道的，以及想让别人也同意的。你想通过这篇文章表达什么？你想向读者传达什么？你是为了什么才写的这篇文章？如果你在这一部分没有一个清晰的认识，那么将无法写出一篇"合乎逻辑"的文章，也无法向读者传达些什么。

另外，这里所说的主张并不一定要在道德上或伦理上"正确"。即使是明显的暴论，也是可以在逻辑上进行论证的（这就是为什么会有所谓的辩论赛）。伦理上的正确和逻辑上的正确是两回事。

②理由

金字塔的第二层是"理由"。

假设你提出诉求，认为所有的公司都应该实行"三休日"。这听起来是个好主意，但人们可能就会问："为什么？"

当你提出诉求并试图让别人也同意时，你一定要讲出一个这样做的理由。比如，在你提出了所有公司都应该实行"三休日"的观点后，听的人肯定都希望你接着说："因为……"你为什么这样认为呢？你有什么理由才这样说呢？没有理由的主张只不过是突发奇想。只有当文章进入"为什么"的层面时，它提出的主张才能成为"论"。所谓论述，就是阐明主张背后的理由。

③事实

位于金字塔最下层的是"事实"，负责支撑主张和理由。

虽然你阐明了自己的想法并解释了自己为什么会这么想，但到这里还只是在陈述自己的个人主观。"所有公司都应该实行'三休日'，因为日本人工作时间太长了"——这只不过是一个自以为是的诉求。而为了证明自己不是在自说自话，有必要引入一些客观的数据（例如，日本与其他发达国家的工作时间和带薪休假使用率的比较数据）。这里所说的客观指的就是"事实"。

具体过程可以参考下面的例子。

日本国会应考虑引入夜场制度（主张）。平常国会总是在工作日的白天进行直播，职场上工作的社会人士和在学校上课的学生就无法观看，导致他们对政治不感兴趣（理由）。在现实中，职业棒球比赛和足球比赛基本上都在晚上举行（事实）。如果国会能够受到公众的关注，那么现场的国会辩论也会更加热烈吧（结论）。

从主张到理由的部分只是个人的主观意见。从读者的角度来看，这只是你自己的想法。但是，在加入了客观事实之后，它就不再只是简单的主观意见了，而是有一定论据支撑的、值得思考的意见。在陈述了理由和事实之后，还可以顺势给出一个深化主张的"结论"。

作为应用篇，让我再举一个实践中的例子。下面是堀江贵文的《零》（钻石出版社）中的一段话。

"存钱"是一个不用动脑子的行为。它甚至完全可以自动操作，比如定期存款。而当涉及投资时，你就必须要动动脑子了。无论是股票投资还是提升技能的自我投资，你都需要有一个目标和相应的策略才能成功。

所以我一直都是这样的想法：

有些人拼命存钱，甚至还鼓励孩子那一辈的人也跟着存钱，其实只是懒得动脑子罢了，不愿去想太复杂的事。

在上面这段话中，最后的"拼命存钱的人其实只是懒得动脑子罢了，不愿去想太复杂的事"是主张；"存钱是一个不用动脑子的行为"是理由；"（存钱）完全可以自动操作"以及与投资行为的比较则是支撑理由的事实。

如你所见，主张、理由和事实的顺序是可以调整互换的。短短的一段话中，既有支撑个人主张的理由，又有支撑理由的事实（论据）。主观的"论"得到了客观的"理"的支持。

上述三层结构是掌握透视法的基础，下面让我们再进一步。

如何选择论据

在写作培训课上，我向学生们讲解了"主张 + 理由 + 事实"的基本模式。讲解完之后，我要求他们根据这一模式来写一段文章。

对听讲的学生们来说，最棘手的似乎是"事实"的部分。恐怕是因为学生们对待"事实"这个词实在是太过严肃认真了，他们总在苦苦琢磨到底如何在文章中插入某种"数据"。

就以下面这一段内容为例：

咖喱现在已经算是日本的国民美食了（主张）。在源自国外的各种食物之中，没有什么能比咖喱更受到这么多日本人的喜爱了

（理由）。根据全日本咖喱业协会的调查，日本人平均每年吃咖喱约73 次，也就是每周要吃 1 次以上（事实）。如此之受欢迎，咖喱无愧于日本的国民美食的称谓（结论）。

诚然，这段文章中展示了作为数据的"事实"，姑且算是有逻辑的（或者看起来是这样）。然而，它仍然是一篇有些牵强且无趣的文章。

因为它在"事实"的选择上犯了错误。也许是受"事实"这一用词的影响，它自然而然地联想到了客观数据，但其实支撑主张和理由的论据未必非要是数据不可。通过列举实例或者类似的例子也可以保证文章的逻辑性。可以对上面的文章这样修改：

咖喱现在已经算是日本的国民美食了（主张）。在源自国外的各种食物之中，没有什么能比咖喱更受到这么多日本人的喜爱了（理由）。就拿荞麦面店来说吧，咖喱乌冬面和咖喱南蛮乌冬面几乎是必备品，甚至提供咖喱饭的面店也有不少。提供咖喱粉的高端天妇罗餐厅现在也很常见了（实例）。如此之受欢迎，咖喱无愧于日本的国民美食的称谓（结论）。

这么一修改，文章是不是就更自然、更有趣，也更有说服力了？此外，我们还可以试着在论述中加入"类似的例子"。

咖喱现在已经算是日本的国民美食了（主张）。在源自国外的各种食物之中，没有什么能比咖喱更受到这么多日本人的喜爱了（理由）。就拿荞麦面店来说吧，咖喱乌冬面和咖喱南蛮乌冬面几乎是必备品，甚至提供咖喱饭的面店也有不少。提供咖喱粉的高端天妇罗餐厅现在也很常见了（实例）。正如从中国传来的汉字在日本发展出了平假名和片假名，从美国传来的"baseball"在日本发展出了"国民运动"的棒球一样，许多从其他国家传来的文化在日本都被本土化了，这样的例子不胜枚举（类似的例子）。咖喱在日本取得的独特发展，已经让它算得上是一道日本菜了（结论）。

既没有引用数据，也没有局限在食物的框架内，而是将讨论进一步扩大到"外国文化的本土化"。这段文章超越了对咖喱本身的讨论，选择从日本文化的角度去讨论咖喱。就娱乐读者而言，这段文章比另外两段都要有趣吧。

当然了，把你调查得到的数据展示出来也没有问题，因为有很多情况需要这么做。

但如果仅仅只有展示数据，那就只不过是一份糟糕的宣传资料。能找出一个绝佳的"比喻"来用作论据，任谁看了都不禁拍案叫绝，这才是真正的"写作者"。把咖喱和平假名联系到一起，正是这种大胆、新奇、与类似例子之间的跨越使文章变得有趣（前面提到的国会夜场制度也利用了类似例子来当作论据）。

千万不要被"事实"这两个字给吓倒了。

所谓论据，不是只能从图书馆或资料室里面搬出来的，它也可以来自"你自己的脑袋"。

从说服到信服

如果一本书从头到尾都靠"逻辑"来包装，恐怕会让读者疲惫不堪吧。如果只是读着累也就算了，糟糕的是读者可能都不愿意继续翻下去。读者可能心里会想，"写的东西都是对的，但感觉一直都在说道理，有些厌烦了。"或者"全都是信息的罗列，没什么意思。"或者"感觉像是在说教一样，真不爽……"

合乎逻辑的文章有时会变成"全副武装的文章"。

这样的文章很"坚实"，没有一点让人乘虚而入的缝隙。然而，这种"无懈可击"反倒成了缺点。过于倚重逻辑的原稿有时读起来令人窒息，感觉就是在一个劲地死抠道理。本书的宗旨在于娱乐读者，因此并不鼓励那种"全副武装"的、死抠道理的文章。

你可以把这看作是"说服"和"信服"之间的区别。

许多人认为，把文章写得有逻辑的好处就是"更有说服力"。经常有人建议说，写文章一定要有说服力。但请注意，所谓"说服"，是指用语言使持不同意见者服气的行为。那些说服力强的文章把"不容分说的逻辑"当作武器，试图说倒读者。它们开着一辆叫作"逻辑"的巨型卡车，想要强行冲进读者的心中。

读者自然会对这样的文章感到厌恶，但这并不意味着他们反对写作者的主张。他们反对的只是写作者试图用逻辑的力量强行把主张施加在自己身上的态度。

人的内心也遵循着"作用力与反作用力"定律。接下来的讨论并不局限于写作方面。

作用力与反作用力定律就是我们在物理课上学到的牛顿第三定律——如果你用 10 牛顿的力去推一堵墙，那么墙会用 10 牛顿的力反作用回来。

如果你试图用 10 牛顿的力去说服一个人，那么对方也同样会用 10 牛顿的力反抗你。不管你的论点和逻辑是否正确，对方都会反抗。这不是对方自身个性的问题，而是一种被推了就要反推回去的反射性（生理性的）心理作用。无论你讲得多么头头是道，对方始终不同意你的观点。倒不如说，正是因为你讲得头头是道，对方的反抗才会更强烈。"说服"的行为总是伴随着一定的心理暴力。

那么，我们要如何引导读者去同意呢？

靠的是"信服"。

对读者来说，"说服"是一种被动的行为，自己总处在"被说服"的立场上，而"信服"则是主动的。前者并非出自读者本意，后者则体现了读者的能动性。

你不能去"说服"读者，更不能想着把读者给驳倒。文章需要的不是"说服力"，而是"信服感"。"信服感"才是读者希望在阅读中得到的。

让人信服的条件

让我们思考一下"内容"和"信服"之间的关系。

正如先前介绍的《霍金谈论宇宙：从宇宙大爆炸到黑洞》的例子中所见，内容都有某种主题。即使是"不设主题，想到什么写什么"的内容，仍然有个"不设主题"的主题。

而只要提出了某种主题，内容就必须朝着"这个主题要解决什么问题"的方向发展。如果是写论文，就一定要得出某种"结论"；如果是访谈记录或随笔之类的内容，就要得出和主题相关的某种言论，让读者觉得"也许真的是这样"或者"这个想法很有意思"。即便算不上是什么"结论"，也要提供与主题有关的某种"洞察"或者"发现"。

现在让我们换个说法，用"课题"这个词来思考主题的内涵。

内容有其设定好的课题，其实它就相当于一个"解决课题"的过程。首先确定课题，明确自己接下来要围绕什么主题讲，然后经过各种论述、发展，最终解决课题（得出结论）。从"确定课题"到"解决课题"——这就是内容的基本形式。

但有时无论论证多么精彩、结论多么漂亮，读者也还是不能"信服"。光靠"确定课题"和"解决课题"还不够，因为里面仍然残留着"说服"的味道。这是为什么呢？

因为提出的课题完全是为了写作者自己的方便，没有给读者交代任何背景。读者读到这种和自己没有关系的课题，只会觉得这是"别人的事"。

还记得说服和信服的区别吗？

只有当读者自己主动迈出脚步向你靠近时，才会产生"信服"。而那些写作者单方面确定的课题（比如前面讲的国会夜场制度）就没有吸引读者靠近的动力。读者只会觉得：那些不过只是"别人的事"，和我有什么关系呢？

那么，如何才能产生"信服"呢？怎么才能让读者主动靠近呢？

要"共享课题"。

要让他们知道，接下来讨论的主题并非事不关己，甚至与他们的关系还很紧密。也就是说，写作者和读者之间必须有一个共同的课题。完成了这一步才算打好了"信服"的基础。在"确定课题"和"解决课题"之间，还有一步"共享课题"，以让读者把这个课题当作是"自己的事"。

虽然听起来很理论化，但结构其实很简单。

推进内容的主要步骤是：①确定课题；②共享课题；③解决课题。

如果少了共享课题这一步，那么写出来的文章就成了"别人的事"，就像是在"说服"读者。只有有了共同的课题，读者才会把它当作是"自己的事"，从而才更可能"信服"。

这和我们的日常对话是一样的。

有的人说话让人听不懂，有的人说话实在太无聊，但并不是因为他们讲的主题本身无聊。因为少了"共享课题"这一步，才让听话的人感到困惑、厌烦。那么，"共享课题"又该怎么做呢？让我们继续思考、讨论。

难懂的日语和起承转合

日语句子的基本结构为"SOV[⊖]"型，谓语（动词）一般在句子的最后。而英语、法语和汉语则都属于"SVO"型。

就拿"I think that you should visit Paris."这个简单的英语句子为例，其中主语的"我"（I）和谓语的"认为"（think）是紧挨着的。但在日语中，主语"我"后面还要跟一长串其他内容，最后才轮到谓语"认为"。

⊖ 即"主宾谓结构"，S 指 Subject（主语），O 指 Object（宾语），V 指 Verb（谓语）。——译者注

也就是说，日语的听话者或读者在对方讲完一句话之前，无法判断他到底是"认为""希望"，还是"断言"。甚至有时听到最后，才发现对方原来是"不认为"，推翻了前面所讲的内容。

这就是许多写作书都建议"把句子写短"的原因。

日语中句子越短，主语和谓语之间的物理距离就越接近。也就是说，主谓之间的关系就越明确，就越好理解。虽然很多写作书都把"把句子写短"当作一条经验性建议，但令人意外的是，很少有书会告诉你其中的原因。

下面是一段不太好读的文章，但如果把它逐句分解，意思就变得清楚起来了。

× 政府表明，听取了需要以根本性的税收改革应对不断增加的社会保障费用的专家小组的报告，在这次国会结束之后将成立社会保障改革项目小组的意向。

√ 政府表明了将成立社会保障改革项目组的意向。预计最早将在本届国会结束后开始工作。该项目组的成立是为了回应此前专家小组提交的报告。报告中认为，需要有根本性的税收改革来应对不断增加的社会保障费用。

把句子写短，让主语和谓语更加接近，从而方便理解。

这是很重要的一点，几乎所有的写作书中都会提到。但在此我想谈些别的，讲讲作文结构中的"不易理解性"。

"起承转合"是日本人最熟悉作文结构。

它起源于中国古典诗歌，几乎是所有日本人在课堂上学到的唯一的作文结构。不论是在学校课堂，还是作为一种写作技巧，甚至是在婚礼致辞中，各种场合都提倡"起承转合"。因此，它可能已经在日本人的潜意识之中深深地扎下了根。请看一幅典型的四格漫画（见图4-3）。

图4-3 典型四格漫画的 "起承转合"

　　故事本身还是挺有趣的，有意外，有结局，而且似乎也娱乐了读者。让我们更仔细地考虑一下这个故事的结构。

　　顾名思义，"起承转合"中的"转"就是故事的转折点。

　　这个"转"将故事前半部分（"起"和"承"）的内容进行了反转，让读者感到惊讶，然后给出一个意外的结论——一个仅凭故事前半部分无法得出的结论。这就是"起承转合"的故事结构。

　　例如，新郎的领导在婚礼上发表演讲，滔滔不绝地讲述了新郎刚被分配到工作岗位时对他的第一印象，还讲了一些他还是新人无法胜任工作时的小插曲。在逗得在场客人哈哈大笑后，领导突然话锋一转：

　　"不过他现在已经成长了很多，现在是我们第二销售部门中最有前途的员工之一。"

　　这就是所谓的"转"。在讲完新郎的种种事迹和成果之后，领导要做出总结："我相信××在得到了××这位如意伴侣后，在未来将继续大展宏图、大放光彩！"

　　在婚礼这种有着固定基调的场景中，上面的套路并没有问题。致辞的前半部分是关于"菜鸟员工"的种种轶事，客人们都听得兴致勃勃。同时客人们也会期待致辞者之后进行反转，给出一个与婚礼场景相称的结局。

　　但如果在没有固定基调的场景中该怎么办呢？婚礼上，致辞者最想讲的部分（结论）是新郎的成绩、对他结婚的祝贺以及对他未来的期望。讲了那么多的"菜鸟员工"的故事，其实只是前奏而已。

　　但"起"和"承"都太长了。如果把这个致辞当作是一本200

页的书并整齐地四等分，那么前 100 页都是在做铺垫，读者们看到
的全都是关于"菜鸟员工"的轶事。在读前半部分时，读者会想不
明白为什么要莫名其妙地讲这些故事，为什么要介绍这样一个"不
成器"的人。到了后半部分才终于进入正题，读者看完之后恍然大
悟："原来这本书想讲的是这个啊!"这就是"起承转合"模式下
的故事线。

说到这个地步，想必你也明白了。

"起承转合"的作文结构和那些"主语和谓语距离太远"的日
语句子是一样的。

这样的文章必须要读到最后才能理解作者想说什么，白白地让
读者（听众）绕了很多弯路。与其说这是日本人熟悉的作文结构，
倒不如说这种结构和日语本身就很相似。可能这就是它受到日本人
欢迎的原因吧。

而美国学生在课堂上学习的论说文结构则与此完全不同[⊖]。

他们不用起承转合，而是采用三段式结构来展开论述——序
论、本论、结论。上来先说结论（序论），接着是列出相应的理由
（本论），最后换一种不同于序论的方式再次强调自己论述的正确性
（结论）。这就是三段式结构。

简单来说，它的流程是这样的。

我认为必须大幅提高对高收入群体的税收（序论）。

⊖《令人信服的结构：日美初等教育中表达思想的风格》，渡边雅子
著，东洋馆出版社出版。

理由有三：第一，……；第二，……；第三，……（本论）。

让高收入群体承担更多的税收是阻止社会分裂的必然途径（结论）。

文章是否有趣姑且不论，至少它非常符合逻辑。开篇就说出结论，让读者不必走弯路，至少读者不会在开头就产生一种不知所云的感觉。

现在让我们再次回顾说服和信服的区别。

三段式结构的确很有逻辑性，但其论述的展开方式就像是在努力说服读者。我们想要创造出能娱乐读者的内容，而不是写一篇证明自身观点正确的论文或推销自己的产品。我们不能用一种强硬的态度去说服读者。

而起承转合虽然在情节发展上很有趣，但也容易让读者产生误解。尽管完整阅读之后，也能够产生信服之感，但却没法保证读者真的能耐着性子读到最后。最好还是避免把起承转合作为写文章的唯一方针。

基于此，我建议结合三段式结构和起承转合的各自优点。

结合两者所长，我们可以建立一套适合日本人和日语的逻辑结构。我把这种结构称为"起转承合"。

从"起承转合"到"起转承合"

首先明确一下"起承转合"中存在的缺点。其实这种结构比许多日本人想象中的更不合逻辑，更难以理解。以下列出一些理由。

①如果不听（读）到最后就不知道对方想讲什么

在"起承转合"的结构中，只有到了第三部分的"转"才开始引出结论。就像相声在最后抖包袱一样，前面要有大量的铺垫。如果包袱提前抖出去了，就失去了"转"的惊喜，整个故事也就毁了。在故事的前半部分，我们当然不知道它想讲什么，因为起承转合的结构就注定了不允许有"剧透"。

②前后两部分割裂

让我们回顾一下前面的典型的四格漫画。

在"起承转合"的流程中，前半部分的"起"和"承"密切相连，有"起"自然就有"承"。后半部分则是"转"和"合"相连。

然而，第二部分的"承"和第三部分的"转"之间看上去有联系，但在逻辑上却并不相关。有了意料之外的"转"，从而引出了后来的"合"。"转"的意义在于对前半部分进行反转，所以它不能也不应该与前半部分之间存在自然的联系。

换言之，"起承转合"的前后两部分是割裂的。

如果是小说、相声、婚礼致辞之类的情况，"起承转合"的结构并无问题，前半部分的弯路也自有趣味。然而，在议论某件事时，这种结构存在明显的劣势。因为它的前半部分都是前奏或者伏笔，有时甚至还有"废话"，真正想说的内容（本论）只能在"转"和"合"两部分讨论。本论由于受到篇幅的限制，因此在展开上显得生硬牵强也是情理之中。

③需要相当的写作和演讲能力

"起承转合"的"转"是整个结构的转折点，"转"提供的"惊"是娱乐的核心。然而，为了使读者在"转"的部分中发自内心地感受到"惊"，就必须要让读者完全沉浸在先前的故事（"起"和"承"）中。读者原本顺着故事的走向读得好好的，在某个点上却突然被反转了，感受也从"原来如此"变成了"怎会如此——这就是"转"的有趣之处。"起"和"承"的部分越有趣、越令人信服，"转"的部分的力度就要越大。

这就是为什么"起承转合"的文章需要作者有过硬的写作能力。如果无法让读者在与主题无关的情况下也能享受故事，那么"起承转合"便无法成立。

不过，也有一些是只有"起承转合"才能做到的优点。

"转"给读者带来的"惊"（反转）就是典型的优点。在"转"的部分中可以引入一个全新的话题，也是"起承转合"所独有的优点。此外，"起承转合"更接近时间和思考的流向，更适合随笔散文和叙事性写作。

至此，让我们先整理一下前面讨论的内容。

三段式结构（序论、本论、结论）虽然符合逻辑，但有一种在努力说服读者、强加于人的感觉。日本人并不喜欢争论观点的正确性，因此采用"说服"的方式会给日本人带来一种压力，可能还会影响到文章的趣味性。

相比之下，"起承转合"的反转虽然很吸引人，但这样的结构缺乏逻辑性，还需要作者有过硬的写作能力。

那么，如何弥补两者的不足并结合两者的优点呢？

我的答案是采用"起转承合"的结构。

也就是说，早早地把故事的"起"的部分进行"转"，然后再进入"承"的部分，最终到达"合"。比如，我们可以用"起转承合"的结构来总结前面的讨论。

- （起）常有人教导我们，文章要按照"起承转合"的结构去写。
- （转）然而，这样的结构很难写出有逻辑的文章。
- （承）究其原因，是因为"起承转合"……而且……
- （合）所以如果你想写篇有逻辑的文章，就应该告别"起承转合"，选择另一种结构。

当然，并不是说有了这四句话文章就算完成了，还要将每个部分进行扩展，写得详细而有趣。在第二部分的"转"中提出自己的观点后，就可以在第三部分的"承"中细致地展开论述，给出支持主观看法的客观理由，最终引出自己的"合"。

或者你可以像下面的例子一样，在"转"的部分就表明自己的主张。

- （起）常有人教导我们，文章要按照"起承转合"的结构去写。
- （转）然而，我想向你推荐"起转承合"结构的文章。
- （承）因为"起承转合"是……而"起转承合"则……
- （合）"起转承合"的结构既让人有信服之感，又具有很好的逻辑性。

让我们再一次回顾"信服"的结构。这已经是第三次提到了。

不要试图去"说服"读者，不要想把读者驳得哑口无言。如果读者对你的说服感到了压力，那么必然会反抗。旨在说服的文章就算能证明其论点的正确性，也无法给读者带来快乐的阅读体验。

那么，如何才能与读者共享同一个课题呢？答案就在"起转承合"中的"转"——原本在世人看来是常识的事物（起），突然之间就被推翻了，在打破常识的前提下进一步提出自己的主张（转）。大吃一惊的读者可能会有疑问："为什么？你在说什么呢？"读者产生疑问也就意味着他希望作者能够解释清楚这是怎么回事，进而积极主动地摆出洗耳恭听的态度。由此，我们便成功地实现了与读者"共享课题"。

- （起）世人认为是常识的东西。
- （转）推翻常识，提出自己的主张（或假设）。
- （承）提出主张的理由，以及支撑理由的事实和类似的例子。
- （合）论证后得出的结论。

你的主张越新颖、越有原创性，"转"的力度就越大。

三段式结构也不错。如果你对自己的写作能力有信心，选择用"起承转合"的结构也没问题。然而，如果能够多掌握一种写作结构，也就是这里说的"起转承合"，你的文章的逻辑性和说服力都会大有提升。在结构上，本书各部分的创作亦是混合了"三段式结构""起承转合""起转承合"三种模式。

不妨试着用"起转承合"的模式去写几篇不同主题的文章吧！

再论翻译

我们从"翻译"这个关键词出发，聊了很多。

写作即翻译，而在翻译中，建立逻辑（透视法）至关重要——这是本章中所有讨论的出发点。

在结束本章之前，让我们从另一个角度来考虑翻译和逻辑之间的关系。

在日常对话中，我们说话的方式其实并不那么讲逻辑。我们说话时往往只是以一种不太符合逻辑的顺序把几个词拼凑起来，甚至有时只是在单纯地罗列词语。因为有声音和面部表情的帮助，我们的交流并不会因此受阻。在对话中，传达感情比传达意义更重要。

很多话语显得不合逻辑的主要原因在于"跳跃"和"交错"。

比如，有一段话本来应该按照"1→10"的顺序一步一步地讲，但结果只讲了"1→6→10"就结束了（跳跃），又或者把顺序给打乱了，讲成了"6→3→1→10"（交错）。但不论哪种情况，说话内容本身并不是胡说八道，只是说话的方式和逻辑有些问题。

而写作者的工作就是认真细致地把"1→10"组织成语言（翻译）。写作者把说话人的语言放在逻辑的轴上，逐步清理其中的跳跃和交错。当然了，写作者还必须挖掘出"对方没有说出的话"并进行翻译。如果对方只说了1和10，那么写作者就要把"2→9"也给翻译出来。

那么问题来了。写作者可以写说话人"没有讲过"的东西吗？

走得太深太远的话，写作者是不是就僭越了？这是不是就成了写作者自己的创作？在给出结论之前，让我们思考一下日语和外语之间的翻译问题。

以松尾芭蕉的俳句"閑さや岩にしみ入る蟬の声"为例，它是否能够翻译成另一种语言呢？不光是翻译出它的含义，它的节奏、

韵律和抒发的情感也能够翻译出来吗？就算翻译出来了，能让翻译版本的读者产生和日本人同样的感觉吗？

　　恐怕大多数日本人都会回答不可能吧。关于"翻译的不可能性"，日本近代诗歌之父萩原朔太郎在《关于诗的翻译》中曾这样论述（下划线为笔者所加）：

> 　　所谓诗的思想，是包含在诗歌语言所载的联想、形象和韵律之中的，如同一个活着的有机体，无法进行化学分析。因此，只翻译原诗的文学结构是无法传达诗的意义的。要想传达诗的意义，就只有解读原诗中的每一个字，再加上一些烦琐的注解，最后成为译者自己的改编创作，别无他法。
>
> 　　每首译诗，都是译者自己的创作；只要是改编，它就具有价值。换句话说，诗的译者只有在将原作融化进自己体内，让它的细胞成为自己的艺术肉体时，才拥有了作为译者的著作权。（中间省略）每一首名译都是译者的创作，都是一种改编。

　　萩原朔太郎认为，无论再怎么字典式地翻译，都不能完全翻译出诗歌的思想。翻译诗歌的唯一方法是译者自己去改编，亲自加入到创作中去。译者必须将原作融进自己体内，使之成为自己的艺术肉体的血肉，这样才能成为一个真正的译者。所有伟大的翻译都是译者的创作，是（超越了翻译的）改编。

　　在同一篇文章中，萩原朔太郎还认为翻译的不可能性并不只限于诗歌。他这样说道：

翻译的不可能性是个更广泛、更根本的问题，它不仅涉及诗歌，而且涉及一般的文学，甚至在本质上涉及外国文化的移植。例如，"real"一词在日语中被翻译为"现实"。因此，"realism"在日语中也被翻译为"现实主义"。然而，"real"这个英文单词有更深的哲学含义，不仅仅是指单纯的"现实"，还包括"真实的事物、确定的事物"，不是虚构出的幻觉或假象，也有一层"真实存在的事物"的含义。然而，在日本文坛，由于它被简单地翻译为"现实"，日本的"现实主义文学"就成了所谓的"身边小说"，只注重描写日常生活中的事实，平面化地记述无意义的现实。

在本章的开头，我曾说过：

所有写作者，都必须是"他所取材的内容"的翻译者。写作者即取材者，写作就是"取材的翻译"。

如果你真心想成为一个诚实的写作者，也就是你取材的内容的翻译者，你就必须要有足够的勇气去"改编"。如果你只是逐字直译，取材就没有了生命，你也就失去了作为取材者的意义。为了迈出"改编"的第一步，你必须先把对象融入自己的体内，让彼此融为一体。只有做到了这一点，才有可能把对方没有讲过的"从2→9"的逻辑组织成语言。

此外，你还必须要保证"这绝不是误译"。为了拥有足够的自信断言并非误译，必须要做足研究、认真思考。锻炼作为取材者的自己，也是在给"改编"打好基础。

　　作为一名写作者，我一直在"改编"和"创作"。我给取材的内容做了很多修改，添了很多笔墨，其中也包括逻辑的构建。我在原稿中写了不少在现场没有讲过的东西，但从来没有受访者向我抱怨过，说什么"我可没说过这个"。相反，他们对我表示感谢，告诉我"我想说的就是这个"。我不认为这是因为我的写作能力有多好，而是身为取材者的毅力和自豪感使我做到了这样。

　　写作者并非只是一台录音机、一个记录者、一个速记员。写作者即创造者，应该勇敢地向"改编"进发。

　　为了实现自由的创作，就必须要有彻底的取材。

　　取材者的身份和创作者的身份并不冲突，两者只是一枚硬币的正反两面。

第 5 章 如何考虑结构

在让语言接触外部环境之前

刚打算开始写点什么，手却停了下来。

该写点什么？该怎么写？大脑一片空白，竟说不出一句话。

在某种意义上，这其实是一种很自然的心理状态。在我看来，这甚至是一种理想的倾向。那种大脑还没怎么思考，手就先动了起来的人才更加危险。

语言就像是木工胶，特别是文章。

把混浊的白色木工胶挤到木板上，暴露在空气中，胶水会在其表面形成一层薄膜。渐渐地，本是液体的胶水失去了可塑性，变成了干燥而透明的固体，无法再变形或者拿去黏合了。

写文章也是如此。当我们只是在头脑中思考时，语言就还没有成形，因此具有一种黏性、可塑性和千变万化的可能性。

然而，从语言被固定成文字，暴露在外部环境中的那一刻起，它就开始硬化了。随着时间的推移，语言就定型成了原稿，难再变动。其实不是语言本身硬化了，而是写作者的思维硬化了。在被固定成为文字之前，写作者的思维原本是非常自由活跃的。而一旦被写成文章，暴露在外部环境之中，它就会迅速开始变硬、僵化。比如，你心血来潮写了一篇文章，虽然自觉写得不怎么样，但你也想不出别的可能性了，想不出还能怎么写。

因此，切不可轻易动笔作文，最好在开始写作之前做好某种设计图。越是缺少写作经验的人，就越应该这样做。没有明确的意识，兴致来了就马上动笔，这就和不打草稿就开始画画是一样的。只有少数的天才才能不打草稿就直接开始创作（当然我自己也做不到）。

那么，我们需要什么样的草稿或者设计图呢？我们该用什么标准来决定写什么呢？

我的答案很简单：不要考虑写什么，要考虑不写什么。

如果你是一个画家，画什么就是最大的难题。画家从一开始就在苦恼，不知道第一笔该从哪里下手才好。但想要写点什么的写作者其实更像是个雕塑家，而不是画家。雕塑家手握凿子和木槌，剔除不必要的部分，一个模糊的像（写什么）就出现了。真正的写作从这一步才开始。

如果你在写原稿的过程中遇到困难，进展不顺，第一件该做的事就是学会"舍弃"。在让自己的语言接触外部环境之前，希望你能够以"不写什么"的视角好好回顾一下自己的取材。这就是考虑结构的第一步。

在本章中，我将以"不写什么"为起点，探讨如何构思原稿的结构。

舍弃什么，又留下什么

写作者即取材者。

写作者根据取材中获得的知识来创作原稿。

假设我从取材中收获了 100 分的知识，并写出了其中的 10 分；而你从取材中收获了 1000 分的知识，同样从中写出了 10 分。就信息的精准程度和稀缺价值而言，应该是你写的原稿价值更高。原理上，你通过取材收获的知识的总量越大，其内容的价值就越高。

然而，这里有一个陷阱。

以弗朗西斯·福特·科波拉导演的电影《现代启示录》为例，该片于 1979 年上映，并在同年获得了戛纳电影节的金棕榈奖。

据该电影的剪辑师兼音效师沃尔特·默奇说，拍摄电影的胶卷总长有 381 千米，总时长约 230 小时。默奇和他的团队花了近两年的时间（一年时间剪辑，一年时间混音）制成了一部时长约 2 小时 25 分钟的影片[一]。

在电影行业中，一般 40 小时左右的胶卷就可以制作出时长 1.5 小时到 2 小时的电影。230 小时的"分母"可以说是近乎疯狂的程度。

那么，《现代启示录》是因为其巨大的分母才成为杰作的吗？

[一] 引自《映画の瞬き　映像編集という仕事》（作者沃尔特·默奇，译者吉田俊太郎，Film Art 出版，中文版译名为《眨眼之间：电影剪辑的奥秘》）。——译者注

　　恐怕不是吧。如果按照这个道理，那么用总长 300 小时的胶卷岂不是就能制作出比《现代启示录》更优秀的作品了？

　　比起分母的大小，分母的质量更重要，也就是拍摄的影像（230 小时的胶卷）的质量更为关键。最为重要的是，这部电影在去留取舍的选择上做到了极致，十分清楚该舍弃什么、留下什么、如何衔接。正因为做到了这两点（影像的品质和取舍），才有了《现代启示录》的成功。

　　在此回顾一下我们在第 1 章中讨论的"好文章的条件"。

　　我曾提过，那些好文章让人完全看不出作者曾经苦苦思索的样子，仿佛"文章本天成"，它在一开始就已大致成形。

　　电影同样如此。在观影前没有了解过任何其他信息的观众，在看完《现代启示录》后，完全不会想到这部电影在背后竟"舍弃了 227.5 个小时"。对于观众来说，他们面前的 2 小时 25 分钟就是一切，电影从一开始就是成品。电影制作者是如何选择去留取舍的？舍弃了什么？留下了什么？如何把它们衔接起来？这一切就如同被隐藏起来的"黑匣子"——如果没有看到 230 小时的胶卷，其背后一切的辛苦都无从得知。

　　在此整理一下我们讨论的内容。

　　原稿的价值取决于取材中获得的分母的大小。

　　然而，只有分母大是不够的，我们必须从巨大的分母中适当地选择要写什么、不写什么。

　　然而，作为读者的我们无法窥见作者在写作时根据什么标准来选择写什么和不写什么。无论是小说、散文还是电影，我们看到的总是一个成品。"舍弃什么、留下什么、如何衔接"都被藏在一个黑匣子里。

那么，我们该去哪里寻找参考呢？

难道我们只能随机选择吗？

舍弃什么、留下什么以及如何衔接，恐怕这是给内容画设计图时的最大障碍。

在此，我想介绍一个几乎可以说是独一无二的典范，就是绘本（图画书）。没错，正是我们小时候都熟悉的那种绘本。

通过把绘本（或者连环画）当作教材，写作者可以学习好的结构并锻炼自己的结构能力——舍弃什么、留下什么以及如何衔接。

绘本思考，锻炼你的结构能力

让我们来思考一下"绘本"作为媒介的特点。

第一，绘本是故事的媒介。如果它只是随机陈列一些"图画"，那它就只是一本画集或者插画集。先于图画之前存在的是某个主题、某个故事，然后故事再被翻译成文字。只有在文字和图片相结合的情况下，才可以称为绘本。

第二，绘本是插图的媒介。绘本不像漫画那样有四四方方的格子区分开来，也不会添加类似于"吱吱吱"之类的拟声文字。绘本插图的排列是和故事相配合的，即便单独抽出来一幅图画也能够成立。

第三，绘本是省略的媒介。绘本作家可以只用 10 张、20 张图画就把一个充满起伏的故事讲清楚。根据故事，绘本作家选出"绝对有必要的场景""视觉上有趣的场景"和"必须要用图片解释的场景"，然后画出给人留下深刻印象的图画。绘本作家不可能把整个故事都给画出来，这样做只会导致绘本枯燥无味，难以体现亮点。

基于以上三点，相信大家应该能够理解绘本作为媒介的特殊性了。

就拿电影来说，观众没办法看到那些"被舍弃的胶卷"，能看到的只是经过精心挑选和编辑的成品。

然而，绘本不一样，它的故事文本仍然保持原貌。

绘本作家和读者看到的是相同的文本，以此为基础来考虑"舍弃什么、留下什么以及如何衔接"，然后用 10 张或者 20 张图画把故事讲清楚。换句话说，绘本的读者不仅知道绘本中出现的场景，还知道绘本中没有出现的所有场景，就好像是他们知道电影中哪些镜头被剪了一样。

绘本可能是唯一一种让"描绘的场景"和"未描绘的场景"两者并存的艺术媒介。作为取材者的我在认识到这一点时，着实吃了一惊。

一旦知道了这一点，训练自己"舍弃什么、留下什么以及如何衔接"就变得容易了。你可以自己尝试着做一本绘本。未必要自己想一个新的故事，你可以尝试找一个众所周知的故事来制作绘本。举例来说，我觉得"桃太郎"的故事就是一个不错的选择。

也许有的人已经记不清故事的细节了，在此我把我个人对于"桃太郎"的总结记述如下，这是本书中唯一的一部"作品"。不要怕麻烦，去试试看吧！以下面的文字为基础，思考如何在指定的页数下做好一本绘本。

桃太郎

很久很久以前，有个地方住着一个老公公和一个老婆婆。

有一天，老公公上山砍柴，老婆婆去河边洗衣服。老婆婆在河边洗衣服时，看到一颗巨大无比的桃子从上游漂了下来，她不禁说道：

"天啊，好大的一颗桃子啊！把它带回去，当作给老头子的礼物吧！"

于是，老婆婆一把抓住了河上漂着的桃子，费了好大的劲儿才把它搬回了家。

到了傍晚时分，老公公从山上回来了。老婆婆对他说："老头子你看，好大一颗桃子啊！"

"这么大一颗，你在哪里买的？"

"这可不是买的，是我在河边洗衣服的时候漂过来的。"

"真神奇啊，赶紧把它切开来吃了吧！"

老婆婆从厨房里拿出一把刀，切开了大桃子。就在桃子被切开的瞬间，响起了"哇！哇！"几声响亮的哭声。原来，桃子中间坐着一个健康可爱的男宝宝，正在大声地哭着。

"天啊，这可不得了！"

"怎么会有这种事？老太婆，这一定是老天赐给我们的孩子！既然他是从桃子里出生的，就叫他'桃太郎'吧！"

老公公和老婆婆非常小心地照顾和抚养桃太郎。

桃太郎吃起米饭来一碗又一碗，以惊人的速度茁壮成长。桃太郎的力气很大，和村里的孩子们比赛相扑从没输过。不仅如此，桃太郎还是一个善良温柔的孩子，从未忘记感谢老公公和老婆婆对他的养育之恩，希望有一天能够报答他们。

有一天，一只乌鸦来到桃太郎身边，说："嘎嘎嘎，桃太郎，桃太郎，出门时一定要小心啊，有恶鬼来了!"

"恶鬼?"

"嘎嘎嘎，海的另一边有一座恶鬼岛，上面住着邪恶的鬼怪。他们把从周边抢来的金银财宝都藏在岛上!"

桃太郎听到这个消息后，回家告诉了老公公和老婆婆。

"爷爷奶奶，我刚刚从乌鸦那里听到了关于恶鬼岛的事情。现在我已经长大了，我要去除掉那帮坏蛋。"

老公公和老婆婆大吃一惊，试图阻止桃太郎，但桃太郎不听，一心坚持要去除掉恶鬼。

"既然你这么坚持，那就去吧。路上要是饿了，就吃奶奶给你做的全日本最好的糯米团子。"

老婆婆做了很多糯米团子，让桃太郎带着上路。老公公给了桃太郎一套新衣服、一条头巾和一把大刀。

"路上小心啊!"

桃太郎高兴地对爷爷奶奶说："有了这全日本最好的糯米团子，我就有了百人之力。除掉了恶鬼我就回来!"随后桃太郎就上路了。

桃太郎在山间行走着，一条小狗向他走来，汪汪地叫着。

"桃太郎，桃太郎，你这么着急是要去哪里?"

"我要去恶鬼岛除掉所有的恶鬼。"

"你腰上挂着的是什么?"

"是全日本最好的糯米团子。"

"给我一个，我就跟你一起去。"

"那我就分你一个吧。"

小狗从桃太郎那里拿到了一个全日本最好的糯米团子，从此便跟在桃太郎身边。

下山的路上，一只猴子在树上向桃太郎叫道：

"桃太郎，桃太郎，你这么着急是要去哪里？"

"我要去恶鬼岛除掉所有的恶鬼。"

"你腰上挂着的是什么？"

"是全日本最好的糯米团子。"

"给我一个，我就跟你一起去。"

"那我就分你一个吧。"

在拿到全日本最好的糯米团子后，猴子便和小狗一起跟在桃太郎的身边。桃太郎一行路过一片田野。这时飞过来一只雉鸡，对桃太郎说：

"桃太郎，桃太郎，你这么着急是要去哪里？"

"我要去恶鬼岛除掉所有的恶鬼。"

"你腰上挂着的是什么？"

"是全日本最好的糯米团子。"

"给我一个，我就跟你一起去。"

"那我就分你一个吧。"

在拿到全日本最好的糯米团子后，雉鸡便同猴子、小狗一起跟在桃太郎的身边。他们走过田野，翻过高山，穿过山谷，来到了一片广阔的大海边。然后，桃太郎和他的朋友们找到了一条船，朝着海对面的恶鬼岛划船出发了。

"桃太郎，桃太郎!"

一直飞在船头瞭望的雉鸡突然叫了起来。

"有一座黑漆漆的小岛，是恶鬼岛。"

桃太郎站在船边抬头远望，隐隐约约看到远处的一个小岛。

"我们终于到恶鬼岛了! 大家现在鼓起劲!"

在桃太郎的号召下，大家登上了恶鬼岛。桃太郎一行来到了恶鬼岛上的城堡前。面对城堡的大门，小狗大声叫唤了起来：

"恶鬼们都听好了! 全日本最厉害的桃太郎来了，是来打败你们的! 老实点，快把门打开!"

守门的小鬼们吓坏了，赶紧向城堡的方向跑去。灵敏的猴子翻过高墙，从里面打开了大门。

"恶鬼们，赶快觉悟吧!"

桃太郎拔出他的大刀，向恶鬼们发起了攻击。小狗啃咬恶鬼，猴子抓挠恶鬼的脸，雉鸡飞起来啄恶鬼的眼睛。这些长相凶恶的恶鬼终究不是桃太郎和他的伙伴们的对手，被打得丢盔弃甲，落荒而逃。

"喂! 你就是桃太郎吧?"

桃太郎一行走进城堡深处，发现体型巨大的恶鬼大王正在等着他们。但是，桃太郎和他的伙伴们因为吃了很多糯米团子，个个都强壮得有百人之力，他们齐心协力地向恶鬼大王攻去，很快就把他打得落花流水。

桃太郎打败了恶鬼大王后，举起自己的大刀说："怎么样，老老实实投降吧！"

恶鬼大王双手伏地，一边哭一边向桃太郎道歉："对不起，对不起！我投降！我会把抢来的宝物全都还回去的！"

桃太郎和他的伙伴们把恶鬼抢来的财宝装上船，离开了恶鬼岛。他们一起唱着歌，穿过山谷，翻过高山，走过田野，终于回到了老公公和老婆婆身边。

"爷爷！奶奶！我回来了！"

一直挂念着桃太郎的老公公和老婆婆听到了熟悉的声音，于是走出家门，发现桃太郎带着三个了不起的部下回来了。他们还拉着一辆车，车上装着堆积如山的财宝。

"不愧是全日本最厉害的桃太郎！"

老公公和老婆婆非常高兴地欢迎桃太郎回家。

桃太郎、老公公和老婆婆三个人从此过上了幸福的生活。

用 10 张图画讲述桃太郎的故事

我们已经把桃太郎的故事回顾了一遍，现在让我们想一想"要画什么"都有哪些备选项吧。

比如，你觉得故事里哪里有趣？哪里适合画出来？在听故事的时候自己的脑海里浮现出了什么画面？什么样的场景都可以，尽可能多地把自己的想法记录下来。在此以我为例，我记录下了 30 个场景。

① 远处的山景以及山中住着的老夫妇的
　房子

④ 老婆婆看见这么大一颗桃子，十分吃惊

② 老公公去砍柴，老婆婆去洗衣服

⑤ 老婆婆抱着大桃子回家

③ 老婆婆正在洗衣服，从上游漂来一颗
　大桃子

⑥ 看见巨桃大吃一惊的老公公

⑦ 老夫妇把桃子切开

⑩ 桃太郎每吃一顿饭就长大一点

⑧ 哭声响亮的桃太郎从桃子里露了出来

⑪ 桃太郎和村里的孩子们比相扑，百战百胜

⑨ 老夫妇开心地抱着桃太郎

⑫ 乌鸦告诉桃太郎要小心，有恶鬼

⑬ 恶鬼们四处横行，抢夺财宝（想象中）

⑯ 桃太郎穿上新衣服，系上头巾，带上大刀

⑭ 桃太郎向老夫妇表明自己的决心

⑰ 桃太郎告别老夫妇，出发了

⑮ 老婆婆给桃太郎做糯米团子

⑱ 桃太郎把糯米团子分给小狗

⑲ 桃太郎把糯米团子分给猴子

㉒ 桃太郎和伙伴们划船驶向恶鬼岛

⑳ 桃太郎把糯米团子分给雉鸡

㉓ 海面上漂浮着黑漆漆的恶鬼岛

㉑ 桃太郎和伙伴们穿过山谷，翻过高山，
　　走过田野

㉔ 桃太郎和伙伴们来到一扇大门前，要求
　　恶鬼们开门

㉕ 红鬼、青鬼和各种鬼怪都被桃太郎和他
　的伙伴们打倒了

㉘ 恶鬼大王哭着求饶

㉖ 据守在城堡深处的恶鬼大王

㉙ 桃太郎和伙伴们乘船返回，满载而归

㉗ 桃太郎和伙伴们与恶鬼大王战斗

㉚ 桃太郎和伙伴们与老夫妇团聚

如果是漫画版的《桃太郎》，我不仅会把这 30 个场景全部画出来，还会再追加 30 张以上的图画（也就是总共 60 个以上的漫画格子），以求充实详尽。

但是，儿童绘本书是一种讲究省略的媒介，篇幅通常在 20～40 页。如果每张图画横跨左右两页，那么整个绘本书将总共由 10～20 张图画组成。

接下来，请从这 30 张图画中选择 10 张，用于组成作为绘本的《桃太郎》。我们需要选择 10 张能让孩子们喜欢、着迷，并且有助于理解故事情节的图画。

严格来说，这个问题并没有标准答案。但正是因为没有标准答案，我们才必须做出取舍，认真思考"舍弃什么、留下什么以及如何衔接"。而且对待每一张图画我们都不能含糊，一定要能够清楚地解释"为什么舍弃这张图画，又为什么留下那张图画"。

也许你会急着向后翻阅，想看看别人的答案，但请你在此务必放缓脚步，停下来好好地选出自己的 10 张图画。如果不这样做，恐怕你就算读了后面的内容也一无所获。

考虑结构的完整性

从现在起，假设你已经选好了 10 张图画。

要把范围从 30 张缩小到 10 张，一定是出乎意料地困难。如果在不考虑数量限制的情况下去挑选，一般人最少也会选 15 张，通常会选 20 张左右（如果没有数量限制的话，我会选 23 张）。因为前面列出的适合画成图画的场景多达 30 个，感觉有些难以取舍也是很正常的。

那么，你是根据什么标准来选择 10 张图画的呢？

你有一个明确的指导方针吗？

在故事开始的前半部分，你是不是凭感觉去选的？

而到了后半部分，你是不是因为选的数量不够而有些慌乱？又或者选得太多了，因为不知道该删掉哪些而手足无措？

这是一个典型的未经思考、不顾结构就开始动笔写稿的例子。

正如我前面说过的，语言从接触外部环境的那一刻起就固化了。这次选择图画也是一样，一旦把它们选了出来，就很难再进行改动了。不顾前后结构的盲目加法好比是让原稿生锈的盐水。

那么，我们该如何考虑文章的结构呢？

还记得在本书导言部分中提到的内容三角形吗？在"写作者是做'编辑'的"一节中还展示了"价值的三角形"。

在考虑原稿的结构时，我们可以把"信息的稀缺性、主题的代入感、结构的完整性"作为指导方针。也许在导言部分读到这段话时你还觉得云里雾里，但现在有了"桃太郎的绘本"这个题目，相信你应该有了更清楚的认识。让我们先从"结构的完整性"开始吧。

在谈论文章的结构时，我们通常从句子（sentence）或者段落（paragraph）的角度来进行说明。比如，经常有人建议说，一个段落只谈一个主题，要是谈的主题太多，读起来就很费劲；段落的开头（主题句）要能概括整个段落想表达的内容。这就是英语写作中所谓的"段落写作"（paragraph writing），在报告和论文中尤其常见。

然而，无论是段落还是句子都很难凭感觉理解。这听起来太像是在"学习语法"了，让人望而却步。此外，日语在结构上不像英语那样有逻辑，而且也很难适应源于西方的作文结构。就拿段落这个单位来说吧。

段落是指文章中较大的分隔单位，以换行为标志。在英语句子中，换行意味着意义的明确转变。而在日语句子中，换行往往是为了照顾文章的可读性和可理解性而进行的。这种分隔被称为形式段落，是一种完全不同于英语中的段落定义的写作风格。

由多个形式段落组成的"意义上的较大分隔"被称为意义段落。因此，与英语文章中的段落相当的并不是形式段落，而是意义段落。不过，这样的解释可能还是会让你感到有些混乱。其实，我在平常写作时并不会特别注意形式段落和意义段落的区别。

我们不妨换个角度，不从语法的角度出发，而是站在电影编辑的角度来思考文章结构，如图 5 - 1 所示。

在日本电影界，一部电影的最小单位叫作"cut"（镜头）（英语中一般叫作"shot"）。导演一喊"好，开始!"，摄像机就开始拍摄。然后导演喊一声"好，cut!"，摄像机就停止拍摄。从胶片开始滚动到停止的部分，叫作一个"cut"。类比文章，它就相当于是从第一个字开始，到句号为结束的完整的一个句子。然后把几个"cut"组合到一起，就形成了一个"scene"（场景）。

例如，一位棒球队教练正在击球，给队员们训练；棒球一个接一个地被打出去；棒球运动员们满身泥泞，追赶着棒球；教练一脸严肃，大声地喊着："不够不够! 这点还不够!"；夕阳缓缓落下。这些拍下来的"cut"经过组合，就成了"scene"，相当于文章中的"段落"，也就是"paragraph"。

多个"scene"组合到一起，就成了"sequence"（连续镜头）。

sequence
（一组连续镜头、局面）

scene
（场景）

cut
（镜头）

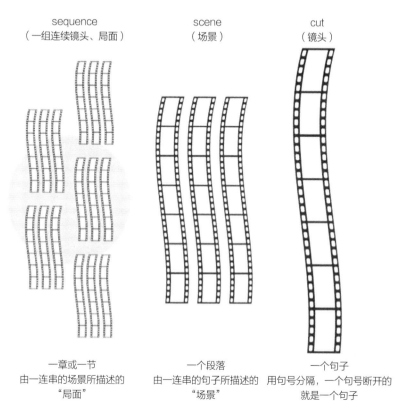

一章或一节
由一连串的场景所描述的
"局面"

一个段落
由一连串的句子所描述的
"场景"

一个句子
用句号分隔，一个句子断开的
就是一个句子

图 5－1　借助电影编辑思考文章的结构

　　如果说"scene"是一个"场景"，那么由一连串的场景所组成的"sequence"就相当于是一个"局面"。例如，通过将击球、投球、跑步、场地维护等场景组合起来，就形成了一个"训练的局面"。这一单位相当于是文章中的"一章"，或者是比"一章"小一点的"一节"。

　　最终，多个"sequence"组合到一起，就构成了一部电影或者一个故事。

那么，在选择桃太郎的 10 张图画时，首先应该做什么呢？

我认为，应该先将整个故事以"局面"为单位进行划分。

如果只是凭个人感觉选了 10 张图画，那么恐怕它们很难组织成一个好的绘本。也许对你来说"桃太郎"是一个烂熟于心的故事，但对儿童来说，这是一个完全未知的故事。首先，让我们以"局面"为单位，想一想桃太郎的故事结构是怎样的。以下文为例，它可能是这种感觉：

局面 A　老公公和老婆婆

①远处的山景以及山中住着的老夫妇的房子

②老公公去砍柴，老婆婆去洗衣服

③老婆婆正在洗衣服，从上游漂来一颗大桃子

④老婆婆看见这么大一颗桃子，十分吃惊

⑤老婆婆抱着大桃子回家

⑥看见巨桃大吃一惊的老公公

局面 B　桃太郎的诞生与成长

⑦老夫妇把桃子切开

⑧哭声响亮的桃太郎从桃子里露了出来

⑨老夫妇开心地抱着桃太郎

⑩桃太郎每吃一顿饭就长大一点

⑪桃太郎和村里的孩子们比相扑，百战百胜

⑫乌鸦告诉桃太郎要小心、有恶鬼

⑬恶鬼们四处横行，抢夺财宝（想象中）

局面 C　为消除恶鬼踏上征途，路上招募家臣

⑭桃太郎向老夫妇表明自己的决心

⑮老婆婆给桃太郎做糯米团子

⑯桃太郎穿上新衣服，系上头巾，带上大刀

⑰桃太郎告别老夫妇，出发了

⑱桃太郎把糯米团子分给小狗

⑲桃太郎把糯米团子分给猴子

⑳桃太郎把糯米团子分给雉鸡

局面 D　前往恶鬼岛

㉑桃太郎和伙伴们走过田野，翻过高山，穿过山谷

㉒桃太郎和伙伴们划船驶向恶鬼岛

㉓海面上漂浮着黑漆漆的恶鬼岛

局面 E　激战恶鬼岛

㉔桃太郎和伙伴们来到一扇大门前，要求恶鬼们开门

㉕红鬼、青鬼和各种鬼怪都被桃太郎和他的伙伴们打倒了

㉖据守在城堡深处的恶鬼大王

㉗桃太郎和伙伴们与恶鬼大王战斗

㉘恶鬼大王哭着求饶

局面 F　凯旋与团聚

㉙桃太郎和伙伴们乘船返回，满载而归

㉚桃太郎和伙伴们与老夫妇团聚

我在此将桃太郎的故事从 A 到 F 分成了六个局面。

这里有一条很重要的判断标准：每个局面中必须最少选出一张代表性的图画，否则就会影响到读者对故事整体的理解。

例如，你可能会想删掉局面 D "前往恶鬼岛"的全部图画：与其描绘这部分的情节，不如把更多精力放在描绘小狗、猴子和雉鸡各自加入桃太郎的场景。然而，如果删去了"前往恶鬼岛"的情节，就变成了桃太郎和他的朋友们刚组成队伍就到达了目的地。这样就少了冒险的元素，让恶鬼岛上的大战就像是发生在隔壁村子里一样。

首先必须考虑局面。从六个局面中各自至少选择一张图画，这一步对于保证结构的完整和稳固很有帮助。只要以 A 到 F 的局面为基础，那么就能确保最低限度的"抗震性"。

那么，我们该从每个局面中选择什么样的图画呢？

从每个局面中选出一张图画（共六张）后，另外的四张图画又该根据什么标准去选呢？

这时候就要考虑到价值三角形的另外两个要素：信息的稀缺性和主题的代入感。

考虑信息的稀缺性

这次我选择了桃太郎作为主题。

因为我觉得只要是生长在日本的人就肯定知道这个故事。换言之，因为我认为桃太郎是日本古代民间故事的经典代表。

那么，为什么桃太郎的故事如此出名呢？

　　和浦岛太郎、一寸法师、辉夜姬、猴蟹大战这些故事相比，桃太郎的故事有趣在哪里呢？

　　坦率地说，这是一个完全取决于个人主观看法的问题。

　　对某人来说，他眼中的有趣之处可能根本无法引起另一个人的共鸣，甚至有些人可能还会反驳说："桃太郎的故事最有趣的地方应该是××才对！"

　　和编辑聊天时，他们经常会提起和上面很类似的情况。

　　"我和写作者一起去取材、采访，取材的时候氛围也很好，聊了很多有意思的内容。取材完了，在回去的路上和写作者确认好时间安排，等他交稿。结果他交给我的稿子非常无聊。"

　　为什么？是哪里显得无聊？

　　这并非写作能力的问题。简要来说，是因为没有选对什么是要写的、什么是不要写的，所以才让原稿读起来那么无聊。

　　我认为，哪些东西让读者觉得有趣以及要在原稿里写什么，这些最终都应该交给写作者来判断。就算编辑让写作者多花笔墨，把笔力花在写作者自己都不觉得有趣的事物上，原稿也不会变得有趣。

　　不过，写作者也应当避免在主观上自以为是，要多换位思考——自己觉得有趣的东西是否也是读者感兴趣的？它是否是整个内容中的有趣之处？

　　此时要以"信息的稀缺性"为方针。仍以桃太郎为例。

　　姑且不论喜不喜欢、是否有趣，把情绪因素先放到一旁，想一想是什么让桃太郎成为了桃太郎。换言之，就是思考是什么让桃太郎的故事不同于日本其他民间故事。这就是我所说的思考信息的稀缺性。当然了，这还需要对其他民间故事有深入的了解，比如浦岛太郎、一寸法师、辉夜姬、猴蟹大战、仙鹤报恩等。要了解桃太郎，只读《桃太郎》是不够的，那样无法触及桃太郎的故事的本质。

就拿故事里的"恶鬼"来说吧。

虽说桃太郎是一个关于打败恶鬼的故事，但日本古代其实还有许多其他和恶鬼有关的故事，比如和恶鬼战斗的一寸法师，故事的版本也有很多。从信息的稀缺性的角度来看，"恶鬼"的价值其实很低。故事中的"老夫妇""一下子长大的孩子""冒险的旅程"以及故事结尾的"财宝"等要素，都算不上是《桃太郎》的原创。照这样的思路，我们大致可以把"使桃太郎成为桃太郎的要素"归结为以下四点：

◎ 桃子

一个巨大的桃子从河水上游漂来，然后桃子里面生出了一个健康的男婴。这样的设定完全是《桃太郎》的原创，在其他民间故事里是看不到的。

◎ 糯米团子

大多数日本人可能都是通过桃太郎的故事才知道了"糯米团子"这种食物的存在，并且对还没实际见过的糯米团子抱有一种憧憬。民间传唱的童谣《桃太郎》中也会唱到糯米团子。可见，糯米团子算得上是《桃太郎》中的原创物品了。

◎ 成为家臣的动物

虽然有许多日本古代民间故事同样描绘了人类和动物之间的交

流互动，如《浦岛太郎》和《仙鹤报恩》，然而只有在《桃太郎》中，登场的动物最终成了跟从主人公的家臣。

◎ 恶鬼岛

在其他日本古代民间故事中，恶鬼通常是人类世界（如村庄）的入侵者。而在《桃太郎》中，恶鬼们生活在一个叫恶鬼岛的孤岛上，筑城而居。恶鬼岛有两个大大的尖角，整座岛远远看上去就像是恶鬼的脸。虽然恶鬼本身在这个故事中比较普通，但恶鬼岛却是一个颇具特色的决战舞台。

如果缺少了这四点，恐怕《桃太郎》的魅力就会大打折扣。事实上，甚至可以这么说，正是这四点才使桃太郎成了桃太郎。

在考虑如何创作内容时，同样也是这样的思维方式。

考虑信息的稀缺性就相当于是在问那里有没有"糯米团子"。好的内容必然包含了一些只能在那里读到的东西，就像《桃太郎》中的糯米团子和恶鬼岛。而且不能只是一个两个，要有好几个。当然，我在写这本书时也是相同的想法。我相信，这本书中的"糯米团子"和"恶鬼岛"肯定比我两只手的手指头都要多。

在重新审视自己的计划书或者原稿时，问问自己，那里有"糯米团子"吗？如果有的话，这个"糯米团子"是否有用且吸引人？思考这些问题将有助于你抓住内容的核心。

考虑主题的代入感

接下来要考虑的是"主题的代入感"。

当读到一本优秀的小说时，时常会感觉里面的某个人物仿佛就是自己，甚至在某个瞬间，好像作者是在直接和自己对话。又或者，突然意识到书中人物遭遇的问题正是现在的自己所面临的。这种感觉让自己忍不住对作者表示赞同："对对对，说得太对了！"

在上面所说的情况中，读者在内容中找到了"自我"。换句话说，内容起到了"映射自我的镜子"的作用。

把内容里的事当成自己的事、移情、想要为小说人物喝彩的心情、在此之后问题得到解决而产生的精神净化之感……我把它们统一称为"主题的代入感"。

仍然以桃太郎为例。

纵观《桃太郎》的完整故事情节，可以说这是一个以"报恩和惩恶扬善（除掉恶鬼）"为主题的故事。为了报答老公公和老婆婆的养育之恩，桃太郎打败了邪恶的鬼怪，恢复了村庄（世界）的和平。虽然故事的基本路线如此，但《桃太郎》也有主人公想要"建功立业""大展身手"的一面。前往恶鬼岛的征程，既是桃太郎的建功之路，也是一场"踢恶鬼的馆子"的挑战。作为他的家臣的小狗、猴子和雉鸡都带有几分军旅故事的要素，是典型的赞颂小男子汉的日本古代民间故事（不过从另一个角度来说，这种故事并不适应现在的时代）。如果把《桃太郎》做成电影或者游戏，那它的类型显然是"动作/冒险"。

照这样想，《桃太郎》中最令读者感到兴奋（找到自己的投影）并想要为桃太郎欢呼的场景就是和恶鬼的战斗了。小狗上去咬，猴子上去抓，雉鸡上去啄，桃太郎上去砍，这些都是经典的动作场面。特别是平常看上去普普通通的雉鸡竟也有如此强的战斗力，想必会给读者带去新鲜的惊讶之感。

而为了使动作场面更具吸引力，最好在一开始就强调恶鬼的恐怖程度。特别是恶鬼岛出现时的恐怖氛围，是战斗开始前渲染紧张气氛的绝佳材料。

因此，像是"为建功立业而出发的场景""漂浮在海面上的阴森森的恶鬼岛"和"与恶鬼作战的场面"，都要尽可能详细地描绘。

值得注意的是，桃太郎的"独立"是将"报恩"和"除掉恶鬼"连接起来的一个重要因素。正因为桃太郎作为一个武者独立了，他才踏上了惩治恶鬼的旅程，并最终向老夫妇报恩。因此，桃太郎告别老夫妇，实现独立（表明消除恶鬼的决心并获得老夫妇的认可）是一个非常重要的局面。

根据结构的完整性、信息的稀缺性以及主题的代入感，我选择了以下 10 张图画。虽说这不是唯一的标准答案，但我可以满怀自信地向每个人解释清楚自己为什么选择了它们。

局面A
（老公公和老婆婆）

②老公公去砍柴，老婆婆去洗衣服

③老婆婆正在洗衣服，从上游漂来一颗大桃子

局面C
（为消除恶鬼踏上征途，路上招募家臣）

⑭ 桃太郎向老夫妇表明自己的决心

局面B
（桃太郎的诞生与成长）

⑧ 哭声响亮的桃太郎从桃子里露了出来

⑰ 桃太郎告别老夫妇，出发了

局面D
（前往恶鬼岛）

㉓ 海面上漂浮着黑漆漆的恶鬼岛

⑳ 桃太郎把糯米团子分给雉鸡

局面E
（激战恶鬼岛）

㉕ 红鬼、青鬼和各种鬼怪都被桃太郎
和他的伙伴们打倒了

㉘ 恶鬼大王哭着求饶

局面F
（凯旋与团聚）

㉚ 桃太郎和伙伴们与老夫妇团聚

当然，我在挑选的过程中也遇上了不少麻烦。例如，把糯米团子分给小狗、猴子和雉鸡，并让它们成为桃太郎的家臣的场景，最好各用一张图画来表现。然而，如果这么做了，就不得不剪掉其他场景，这就有些得不偿失了。所以我决定，在分给雉鸡吃糯米团子的画面中，让已经成为桃太郎家臣的小狗和猴子一同登场。多亏了这一点，才允许我可以在后面仔细地描绘恶鬼岛上的战斗场面。

我之所以用了两张图去仔细描写桃太郎表明决心并踏上旅途（⑭与⑰），是为了突出桃太郎的"独立"。桃太郎用自己的语言向大人们表明自己的意志，并且在不依靠大人的情况下踏上了旅程。

作为一个关于建功立业的故事，作为一个讲给孩子们听的关于成长的故事，非常有必要把这一部分讲清楚、讲仔细。因此，旅途的部分就不得不省略掉了。不过，这只是"古贺史健版本的桃太郎"，欢迎你有不同的选择。最重要的是能够满怀自信地说出"我为什么选了这 10 张图画"。

桃太郎之外还有许多其他的古代民间故事，同样可以试着根据它们制作一本"10 张图画的绘本"。又或者可以找一本现成的经典绘本，边看边问自己："为什么要把这部分的图画放上去？如果是我的话会怎么做？"

结构的完整性，使你不会漏掉该有的局面；信息的稀缺性，使你突显出原稿的独特；主题的代入感，让读者把内容当成是自己的事。如果你能借助绘本思维去思考你从取材中获得的知识，相信你的结构能力将得到极大的提高。

为什么要用图画去考虑结构

作为复习，让我们来看看用图画来考虑结构都有哪些优点。

取材结束后开始执笔时，其实我并没有费太多心思去考虑结构就把原稿写好了。虽然我从不觉得自己很擅长写文章，但对文章结构的搭建，我一直是轻车熟路，颇有自信。当我读别人写的文章时，有时我的感觉会明确地告诉我"写成这样的结构真是太可惜了""要是这里调换一下，换个顺序来写的话就有趣多了"。

这就像有些数学好的人会说，只要盯着几何题中的三角形或者长方形看一会儿，自然而然就知道该在哪里添辅助线了。也许这就是所谓的能力或者直觉吧（顺便说一句，本人非常不擅长数学）。

话虽如此，但如果把这个问题完全归结于直觉，那么你也就没办法把它教给别人了，自己也无法用语言去表达为什么是这样的结构。在反复思考自己为什么不会为结构而苦恼后，我终于想出了一个提示：图画。

原来我一直都在以一种"影像"的方式来考虑结构的问题。

简单来说，我从不考虑"这一段应该说什么"或者"如何展开才能表达清楚"，而是考虑"这个场景应该描绘什么"或者"镜头接下来应该从什么地方，以什么角度去拍摄什么"。几乎是无意识地，我时常以场景和局面为单位来考虑结构，把写文章当作是一种摄影工作。

也许这和我从小学到初中一直画漫画有关。后来上了大学，我的目标又改成了当一名电影导演，于是我看了很多电影，读了很多关于电影的书，并尝试独立拍摄电影，应该和这段经历也有关系吧。

基于这样的判断，在过去的一段时间里，我经常建议年轻的写作者们："多看看电影，假设你自己就是电影的导演，不要放过电影中的一分一秒。多去看些优秀的漫画，从漫画的分镜里学学别人是如何考虑结构的。"至于推荐写作者阅读的图书，我觉得悉德·菲尔德的《电影剧本写作基础》（*Screenplay: The Foundations of Screenwriting*）、詹姆斯·莫纳科的《怎样看电影》（*How to Read a Film*），以及前面提到的沃尔特·默奇的《眨眼之间：电影剪辑的奥秘》（*In the Blink of an Eye: A Perspective on Film Editing*），这些和电影拍摄相关的书就很不错。

然而，随着和年轻写作者的交流增多，我最终得出了这样的结论：想从电影中学习结构几乎是不可能的。就算看了成百上千部电影，我们始终接触不到那些"被舍弃的部分"。电影是一种时间的艺术，我们把一部 2 小时的电影中所有场景和镜头全记下来是不可能的，只能在朦胧的记忆中反刍。作为学习结构的教科书，电影其实是个很不友好的媒介。有很多的关键点是身为观众的我们无法理解的，除非我们自己真的尝试去拍摄剪辑过一部电影。

在经历了种种曲折之后，我终于发现了最好的教科书：绘本。

绘本很短，是用一种任何人都能读懂的语言写成的。绘本不是时间的艺术，它是以印刷品的形式固定下来的媒介。它简单易读，就算反复读好几遍也花不了多大的工夫，这给了我们充足的时间把它研究透彻。此外，绘本同时包括了"画出来的事物"和"没有画出来的事物"。故事的文本与精心挑选的图画互相配合，呈现在一起。恐怕没有比绘本更好的学习结构的媒介了。

就以前面选好的桃太郎的 10 张图画为例。

同样的 10 张图画，只是改变它们的顺序就可以让故事更有趣。大多数人也许和我一样，都会把"远处的山景以及山中住着的老夫妇的房子"或者"老公公去砍柴，老婆婆去洗衣服"当作第一张。考虑到故事的时间线，这是一个非常合理的选择，但这样的开端同时也非常普通而乏味。如果第一张图画就是"哭声响亮的桃太郎从桃子里露了出来"会有怎样的效果呢？

这样的故事开端能给读者带来很强的冲击力。对于从没听过桃太郎的故事的小朋友来说，看到这样的情节展开肯定会大吃一惊。当然，这么做就会让时间线显得有些奇怪，所以有必要在第二张图画里加入老婆婆在河里洗衣服的场景，并插入一段回忆："那天早上，老婆婆正在河里洗衣服，没想到……"在电影和漫画中也有类似的手法：在故事的开头就放入高潮部分（但并不透露结局），然后再由此回忆起过往的平静日常。

在原稿创作中也可以用到这样的手法，以下文为例：

"那时候，我每天都在考虑隐退的事。"日本国家男子足球队的王牌选手××××说道。

六年前，在日本职业足球联赛的揭幕战中，他的右膝因为对方一名后卫的铲球而受了伤，随后他被紧急送往医院。经诊断，是右膝前十字韧带断裂。虽然紧急手术进行得很顺利，但紧随其后的是长达一年半的孤独和艰难的康复训练。现在他已经完全康复，敞开心扉，平静地讲起了让他几度接近崩溃的"噩梦般的一年半"。

文章一开头就是一句颇有冲击力的独白，然后再回溯过去，解释这是谁说的、在什么情况下说的。如果你能够从"局面"或者"场景"的角度去思考你在取材中收获的知识，那么像这样的顺序调整可谓是毫不费力、信手拈来。反过来说，如果你仍然用语言去思考语言，那就很难想出一个新奇大胆的结构。

如果现在改变条件，允许你再多选 3 张图画，结果会怎样？

把 30 张备选图画压缩到 10 张，无疑是个十分艰难的选择，在此过程中肯定会觉得很受束缚，心想："这样怎么能把故事讲清楚？怎么说至少也要 20 张吧？"但当你成功地选出了 10 张图画，然后又允许你再增加 3 张时，你的感觉如何？是不是体会到了一种巨大的自由感？仿佛表达的边界一下子就拓宽了，可以把桃太郎的故事细节都讲得明明白白。尽管一开始的时候感觉至少需要 20 张，但没想到最后发现自己竟然可以完美地用短短的 13 张图画就把桃太郎的故事给讲清楚。

在一开始时就将自己的"写作"范围压缩到了最低限度，艰难地穿过了一条"不自由"的隧道，最终才收获了这份"自由"。绘本式的思维可以帮助我们确定"写作"的骨架，然后在此之上我们再根据需要进行添加，丰满它的血肉。结构就应该这么去考虑。

表明公交车的终点站

在本章的最后，再给大家讲个有趣的故事。

童谣《桃太郎》是首非常著名的歌曲，就像桃太郎的故事一样家喻户晓，它也是日本人最熟悉的童谣之一。但如果你仔细听一下歌词，就会发现它在结构上其实非常大胆。让我们一起来看一下。

桃太郎

（作词：不详　作曲：冈野贞一）

桃太郎呀，桃太郎呀，

挂在腰上的糯米团子，

给我一个吧！

给你吧，给你吧，

一起去讨伐恶鬼吧，

要是和我一起去的话，就给你吧。

出发吧，出发吧，

跟着你上路，不论到哪里，

当你的家臣，一起出发吧！

前进吧，前进吧，

一起上吧，进攻吧，

把它们都打倒，恶鬼岛，

真有趣，真有趣，

一只也不漏，把恶鬼都打倒，

把战利品都带回去，嘿咻，嘿咻，

万岁，万万岁！

跟着我的小狗、猴子和雉鸡，

快把财宝搬上车，嘿咻，嘿咻！

　　任何选过 10 张图画，收获了"局面"和"场景"的思考方式的读者，看到这段歌词恐怕都会感到惊讶和失望吧。在这首童谣中，桃太郎没有任何铺垫就登场了，显得很突兀。歌词没有讲述他从桃子中诞生的背景，只是把他描述成一个带着糯米团子去消灭恶鬼的武者。在后半部分中，他对于消灭恶鬼连呼"真有趣，真有趣"，还把岛上的财宝称作是"战利品"。歌词中的桃太郎显得如此好战，以至于一时间竟很难搞清楚谁才是反派，是恶鬼还是桃太郎？让人不禁担心，这首歌会不会在小朋友们的道德教育方面产生不好的影响。

　　然而，从"应该展示的图画"的角度来看，这首歌的结构是很正确的。

　　《桃太郎》是一个关于消灭恶鬼的故事，也是一个关于招募家臣、建功立业的故事，而不是一个"漂来一颗巨桃"的故事，也不是"小孩子从巨桃中诞生"的故事。最终的目标是消灭恶鬼，取回财宝。

但如果是在讲故事，最好尽早点明故事的题材和最终目标。这不是我独创的观点，而是我从曾经取材过的漫画家三田纪房老师那里学到的原则。

三田纪房老师用"公交车终点站理论"来解释他的原则。

你在公交车站等车时，一辆公交车开了过来。公交车挡风玻璃的上方有一个标志，写着"涩谷站方向"或者"新宿站方向"，表明这辆公交车的目的地。有了这个标志，乘客才能放心地坐上公交车，享受坐车的过程。而如果你被硬推上了一辆没有标明目的地的陌生公交车，坐上车的你肯定会焦虑不已，不知道自己要被带到哪里去。

三田纪房老师认为，这一理论同样适用于新连载的漫画。

比如，高中棒球题材的漫画，最好尽早（比如在第一卷，最好是在第一集）表明故事的最终目标，像是"打进甲子园"或者"赢得甲子园"等。这样做了，读者才会放心地上车。而如果相反，对于一部开篇就没有明确目标的漫画（比如明明是高中棒球题材的漫画，主人公却好几集都没有加入棒球队），读者就不太可能有继续往下读的愿望。他们在阅读时半信半疑，不知道这辆公交车是否可靠，害怕它会把自己带到一个偏僻陌生的地方。这就是三田纪房老师的"公交车终点站理论"。

根据这一原则，在童谣中滔滔不绝地讲述桃太郎的出生背景就是种错误的做法。最好要尽早地表明主人公的名字、表明作品的题材，并揭示"消灭恶鬼"的目标。在前面提到的歌词中，一开始就点明了主人公和他的目标，将动作场面描述得淋漓尽致，并在结尾处顺利将"战利品"带了回去，可以说它的结构完全正确。

如前一章所述，选择内容的过程也是一个"解决问题"的过程。

换句话说，所有的内容都有某种目标（问题解决后的样子）。载着我们（作者和读者）的这辆公交车究竟要去往何方？这一点还是尽早表明为好。虽说这一原则未必适用于所有写作，但故弄玄虚、摆架子的做法总是大忌。要知道，没有人会愿意坐上一辆终点站不明的陌生公交车。

第6章 认识原稿的文体

比尔·盖茨的自白

我现在手边有一本书。

这本书叫《比尔·盖茨谈未来》（中文版书名为《未来之路》），于 1995 年出版，现在已经绝版了。这是一本关于比尔·盖茨的生平经历、关于微软、关于即将到来的信息革命时代的书。即便是现在回过头来看这本书，其中的内容仍然十分有趣，充满了发现。

但最让我喜欢的是比尔·盖茨在序言中说的一段话。他在开头就诚实地承认："构思和写作这本书的时间比我预期的要长很多。"实际上，他交稿的日期比原来的截止日期晚了有一年之久。他还回忆说："估计写这本书要花的时间，就和为一个重大软件开发项目制定时间计划表一样困难。"

到底难在哪里呢？让我们来听一听当时还年轻的比尔·盖茨的自白。他是一位演讲大师，也是一位无与伦比的读书家。

> 我喜欢写演讲稿，原以为写一本书就和写演讲稿差不多。我这种荒唐的想法和软件开发工作者们常常遇到的荒唐的想法差不多——写一个比源程序长十倍的程序，其复杂程度是原来的百倍还多。我本该学聪明一点的。为了写作此书，我不得不腾出时间，在我的避暑小屋与世隔绝地和我的计算机待在一起。

> （引自同书）

的确，有很多写作者在杂志或者网络媒体上的评价很好，但写书时却发挥不出自己的实力。他们取材和写文章都能做得很好，但写起书来却一塌糊涂。

写书，不是说你一天可以写5000字，10天就能写5万字。就像短跑不同于长跑，电视广告不同于长篇电影，木制房屋不同于办公大楼，它们各自遵循的法则是不一样的。

与此同时，有的写作者擅长写书，却不擅长写短篇。也有很多写作者在写采访稿和对话稿方面很出色，但在专栏和散文方面完全不擅长。其差异其实不在于稿件的长度，而在于擅长的领域和风格。

目前，我是一名专注于"书"的写作者。

在二十多岁的时候，我主要为杂志工作，也有过网络媒体的工作经验。我写过各种风格的文章，像采访稿、对话稿、专栏文章、散文、书评和影评等，今后也还会继续写各种风格的文章。

因此，在本章中，我想总结一下我对四种类型的文章的认识：书、采访、对话和散文。写原稿不是根据"长度"来写，而是应该按照风格来写。

书是"最强的自媒体"

大概是从 2015 年之后的一段时间开始的吧，"自媒体"一词在互联网上流行了起来。它是一种由公司、组织或个人运营的媒体（主要在网络上）。现在一般认为，通过运营优质自媒体直接与客户建立联系，有助于培养客户对自己的信任感，创造回头客，促进品牌建设。

的确，与电视、报纸和杂志等传统大众媒体相比，自媒体更自由、更直接。而且由于它是一种不受任何干扰的内部媒体，所以可以准确地传达"我"和"我们"的想法。如果把个人博客和社交媒体也包括在内，那么"每个人都是媒体"的趋势将进一步发展，可能以后"自媒体"这个词就消亡了。

现在，我是一名专注于"书"的写作者。

我从以前起便是如此，将来也希望能够继续专注于写书。虽然杂志和网络媒体也不错，但我还是认为写书才是最有趣的写作。

因为书是"最强的自媒体"，也是最自由的媒体。

与杂志和网络媒体不同，书并没有什么编辑策略可循。当然，书也是有编辑的。不过在写书的时候，主题、编辑策略、风格、章节结构、文体以及出版时间等，都是由你和编辑讨论决定的，并不存在杂志出版社中的"总编辑"来指挥一切。你可以在书的前十页放些照片，或者中途插入一些漫画，在书中创造一个全新的世界。用杂志出版的行话来说，每一次出书都是"创刊号"。

然而，这也是出版业存在的结构性问题。正是因为"每本书都是创刊号"，所以图书编辑部发挥的功能其实很弱。

而在杂志的世界里，每本杂志都有自己的历史、色彩、编辑方针和遵循的规则，有好几代的总编辑和专门的办公桌，还有经验丰富的老编辑。正因如此，有些知识是以编辑部为单位传承而来的。在领导和前辈的指导下，不断孕育出新的知识。

简单来说，在一个强大的编辑部工作的编辑都很强大。他们千锤百炼，有着过硬的作为编辑的素质。

但在图书编辑部，很难实现以团队为单位的传承。

每个编辑就像一个独资企业，为了学会出一本书，不得不先观察模仿他人的做法，有样学样。编辑部的领导和前辈也很难就每个人的编辑方针给出合适的指导。有多少书就有多少正确答案，找出一个适用一切的标准答案是不可能的。

由于以上原因，许多图书编辑和写作者在创作新书时往往会感到无所适从。

我自己出书时也会为此发愁。我不想模仿别人，也不想做我以前做过的东西的延伸。如果可以的话，我希望自己每次出的书都是"创刊号"。关于每本书的理想形式，我每次都要苦思冥想好久。但正是因为有这么多思考空间，足以证明"书"是一种非常自由的媒体。

我们在创作一本书的时候应该以什么为指导？一本书应该如何设计？

让我们一起思考一下这个很少被讨论的话题。

书的结构① 如何设计"体验"

创作一本书到底难在哪里？

首先在于它的"长"和"大"。如果把我们在日常生活中写的文字（如电子邮件）比作是画纸上的草图，那么书稿就是一幅纳斯卡巨画。书的内容非常庞大，有时甚至大到难以掌握其全貌。不仅开始时不知道该从哪里着手，有时还会写着写着就忘了自己现在的位置。

这就是为什么创作一本书要先从制作设计图开始（在这里所说的"书"是指讨论某种事物的书，如人文类、非虚构类、商业类图书和新版书等）。所谓的设计图，举例来说就像是：第一章谈这个，第二章介绍这个概念，第三章引入某个话题，以此类推。

现在问题来了。

小至塑料模型，大至高楼大厦，设计图就是产品的生命。如果设计图偷工减料，那么它的产品必然会失败。如果是建筑，它会倒塌；如果是飞机，它会坠毁。然而，许多写作者和编辑在制定设计图时往往只是"凭感觉"，想着总之先把它给完成了就好。他们或许跟着感觉先弄一个"起承转合"出来，或许只是简单地把故事按时间顺序排列，又或许先做一个总述再逐一展开分论点……

我可以断言，只要设计图没有做好，哪怕主题再有新意、文本写得再好、再怎么强调内容如何重要，书的吸引力都会大打折扣。

这和"书里写了什么"没有关系，关键在于"书里是怎么写的"。如果只关心所写的内容，其实未必要拘泥于"书"这种形式，可以把它写成一篇论文、网络文章，又或者是杂志文章。但既然选择了"书"的形式，就一定要追求只有"书"才能做的事。

书太厚太长，而我的阅读速度又很慢，常常需要多于一个晚上的时间才能看完一整本书。究竟为什么书要这么厚，这么长呢？是因为信息量吗？传达的信息量越大，书就越厚吗？

不是的。一本书的价值不在于它所包含的信息量。

信息的时效性、易读性、复合性（比如配合图片或视频，插入关联文章的链接）、互动性、可搜索性……书在这些方面完全无法与杂志或网络媒体比肩。此外，读完一本书还要有相应的时间和精力，就收集信息的效率而言还是太低了。不过，消耗一段时间去通读一本书也会有相应的收获——那就是体验。

那是一种真正令人沉浸其中的"一整夜的体验"。

当我们在读一本有趣的书时，会长时间地沉浸在书的世界中，仿佛外部世界的噪声被隔绝了。我们好像看到了原本看不到的东西，听到了原本听不到的声音，翻书的手指不愿休息，一页接着一页。当你读完它时，仿佛自己变了个人，和读它之前的那个自己不一样了。这不是因为你输入了多少有用的知识，把一本书读完本身就是一种不可逆的体验。正是书有足够的厚度，才能为我们提供"一整夜的体验"。

然而，仅仅有厚度、有书的形式，并不意味着它就可以创造一种经验。

而且有许多书都没有被读完，更没有提供什么"一整夜的体验"，就这么往往读到一半就被束之高阁。这是为什么？

这完全是设计图的问题。那些书在制作设计图的阶段就已经错了。它们的制作者不仅缺乏"设计体验"的意识，而且又缺乏与设计相关的知识和经验，结果就导致"书"失去了原本的功能，只是一大串文字的罗列。

那么，我们如何才能设计阅读体验呢？我们该参考什么来制作设计图？参考电影、漫画或者小说吗？

很遗憾，这些都不行。电影、漫画和小说都是靠角色驱动的故事，体验的基本结构就不一样。

假设你在读一本恋爱小说，主人公是佐藤。在阅读佐藤的恋爱故事时，你就像在追寻佐藤的心灵轨迹一样，时而兴奋，时而担心，时而喜出望外，时而伤心欲绝。

就结构而言，这是一种"重温"。

读者把自己的情感代入到佐藤的身上，尝试去重温佐藤的恋情，就像是发生在自己身上一样，去品尝恋爱的酸甜苦辣。读者也许会支持佐藤，但不会（或者说是不能）在佐藤之前采取行动。虚构类的阅读体验在结构上是以"重温"为基础而设计出来的。这就是为什么设计一个有魅力的人物如此重要，因为这是引导读者代入情感的关键所在。

但是，一本"讨论什么"的书并不存在一个可供读者代入情感的角色。

读者自身成为主体，去进行某种体验（从广义上来说就是获取知识）——这才是"讨论什么"的书的基本结构，和电影、漫画、小说在设计的基本理念上就完全不同。

那么，在设计一本"讨论什么"的书时，我们应该参考什么？当我们制作设计图时，应该秉持什么样的感觉？

我的建议是参考设计百货大楼时的感觉。

百货大楼不仅是一个销售空间，它还有着自己的专属体验，并且自身的设计也是服务于这种体验，每个楼层都有各自的"内容"。我相信，如果你能分析出一家百货大楼的设计，并回忆起自己在那里的体验，那么你在给书制作设计图时将不再发愁。一本书就是一座大楼，是一座内容丰富的百货大楼。

书的结构②　如何设计各个章节

请在脑海里想象一座百货大楼。

不是大型超市，不是郊区的购物中心，也不是有电影院和剧院的复合型商场，最好是一个经典的、旧式的百货大楼。虽然你可能认为现在百货大楼已经不流行了，但在思考书的结构设计时，最好的方法还是向百货大楼的设计学习。为了讨论方便，在此让我们把一本由 6 章构成的书看作是一座 6 层高的百货大楼（见图 6－1）。

◎ 第 1 章……奢侈品和化妆品的楼层

你现在站在一家百货大楼的正门前。

走进大门来到一层，你的眼前是怎样一种景象？

以白色和金色为基调的富丽堂皇的装修，略显夸张的灯光照明，国际知名的奢侈品牌，还有高级化妆品的专柜。整个楼层都能闻到香水的气味。尽管本人并不关心奢侈品和化妆品，但走进百货大楼一楼时我还是会心跳加速。买不买并不重要，当我踏入大楼的那一刻，就仿佛进入了一个宏伟的异世界。

图6-1 章节结构的 "百货大楼理论"

高档百货大楼的一楼并不是只卖奢侈珠宝和化妆品。比起销售商品，倒不如说一层销售的更多是一种体验，一种"与日常生活隔绝的世界"的体验。事实上，百货公司业界将此称为"喷泉效应"，因为被这种体验所吸引的顾客会继续上楼，再上楼，始终处于一种振奋的状态。

现在让我们把视角转回到书上。

我认为，一本书的第一层，也就是从序论到第 1 章，和百货大楼的第一层是同样的道理。具体而言，它的设计应该是让读者刚打开第一页（也就是百货大楼的正门）就感受到极大的冲击力，仿佛正在受邀前往一个异世界。

那些优秀的游乐园、美术馆和博物馆的入口设计大多也是如此。它们的设计让读者（游客）感到自己已经踏入了另一个世界，甚至瞬间产生一种"这是个什么地方"的疑问。入口是内容的脸面，是表明其世界观的第一个也是最后一个机会。

但是，千万不要把一本书的序论只当作是导入部分。

如果这样想，反而会让读者感觉云里雾里，围绕着主题的边缘部分啰唆地讲了一大堆，结果也没有讲清楚书的定位以及接下来要如何展开，以为"主菜"都在后半场。这样的导入，就像是一辆没有终点站标志的陌生公交车。

把一楼装修得豪华奢侈，这并没问题；在序论就抛出结论，也没什么不对。或者不如说，这才是正确的做法。总而言之，我们应该在导入部分就向读者展示"异世界"的样貌，把"主菜"第一个端上来。如果可能的话，最好让读者在第一页就产生"这本书不得了"的感觉。沉浸感不是一步一步产生的，从入口处就应该开始了。

◎ 第 2 章……女装楼层

接着让我们来看百货大楼的第二层。

这一层是女装楼层，针对的是大楼的主要客户群，也是百货大楼中最热闹繁忙的地方。还有很重要的一点，这层的客户群与第一层是有关联的，甚至可以隐约闻到楼下香水的味道。

一本书的第二章也应如此。

它是一本书的核心，是导言中提出的主题和世界观的具体而有趣的展开——这就是我理想中的第二章。在这个最主要的楼层，千万不要有什么舍不得拿出手的，把你想说的都说出来，放开去写。序论、第1章和第2章，它们必须是一个相连的世界。

如果章节结构遵循"起承转合"，把最有趣的部分都放在后面一半，那就像是把主要楼层安排在四层和五层的百货大楼一样。一楼放生活用品，二层放促销商品和快时尚的服装，三层才开始放奢侈品和化妆品，四层成了女装楼层……在这样的百货大楼里还有"体验"可言吗？顾客（读者）会沉浸在这种体验中吗？

如果是电影，就算导入和前半部分有些沉闷，最后观众也会选择原谅。因为观众已经买了票，坐了下来，电影也已经开始放了。观众不太可能突然就起身离开。电影用后半部分赢回观众的关注还是有可能的。

但书这种媒体，前面翻看的几页就是它的入口。

如果一本书在导入部分就被判定为无趣，那么一切就结束了。无趣的书会被合上并放回书架，到了第二天甚至连它的存在都被忘了。导入部分是"讨论什么"的书的制胜关键，第1章（表明世界观）和第2章（正式论述）亦是重中之重。"从开胃菜到正餐"的构思在此并不适用。

◎ 第 3 章······休闲装、 男女皆宜服装的楼层

在女装楼层之上的三层，是休闲装和男女皆宜服装的楼层，顾客群以年轻人为主。由于销售的服装风格男女皆宜，所以经常可以在这里看到一对对情侣。这一层商品的价格相对较低，更容易被接受。有不少商品是小朋友用零花钱或者压岁钱也买得起的。这一层同样热闹繁华，但却与第二层风格迥异。

就书的章节而言，这里应该往"通俗易懂的故事"的方向展开。

例如，第 1 章和第 2 章中讨论了宏大的概念，那么第 3 章就可以结合现实中的商业背景进行解释，或者尝试把概念代入现实中的人际关系来理解，又或者找一个大家都熟悉的作品当作例子，像是"我们在哆啦 A 梦中看到的······""借助伊索寓言来思考······"等。

从某种意义上说，这是一个"让任何人都能享受购物的楼层"。比起奢华和高级感，"自己也能买得起的东西（触手可及的事物）"才更为重要且实在，读者需要看到和自己有关系的实例或者轶事。在第 1 章和第 2 章中支撑起来的大主题，在此与读者产生联系，成了"我（读者）的故事"。"共享课题"得以实现，阅读也变得更加有趣。从主观感觉上来说，到此才是一本书的第一部分。

◎ 第 4 层······男装楼层

来到百货大楼的第四层，是男装楼层。

乘坐自动扶梯到达四层的那一瞬间，风景一下子就变了。售卖的商品、目标客户群和先前大有不同。有高级西装，也有正式礼服。这一层的结构就是进入崭新篇章的瞬间。

书的章节结构也是如此。

在第 4 章前后，最好"切换一下摄像机"。这种感觉就像是换一口气，准备向视角不一样的"第二部分"进发。

当我们不再拘泥于单一角度，选择从另一个角度观看相同的事物时会发生什么呢？历史、经济和国际的视角会有什么不同？写作者将以一种不同于第一部分的方式去看待问题，并由此展开新的讨论。在这一层，写作者还要接住读者可能产生的疑问和反对意见，并逐一给出回答。这一章可以说是第二部分的开端，也可以看作是续篇的构想。

◎ 第 5 章⋯⋯专卖店和室内设计的楼层

百货大楼的五层是专卖店和室内设计。

既有家具和地毯等室内装饰，也有高级手表、眼镜和文具的专卖店，还有书店、玩具店和旅行社⋯⋯

为什么专卖店都在较高的楼层呢？

在我成为职业写作者之前，曾在一家眼镜店工作过，那是个很有意思的地方。眼镜店的客人几乎没有是去闲逛的。保守估计，七成以上的客人都是决定了当天要去配眼镜才到店里的。理由各种各样：刚检查过视力、驾照要更新了、旧眼镜的度数不合适了、眼镜框坏了⋯⋯正是这些"有目的的顾客"维持了眼镜店的业务运营。

虽然程度上有所差异，但其他专卖店的情况也大抵如此。

很少有人，甚至没有人，是因为闲逛的时候看顺眼了就买了块劳力士手表。大多数到店购买的顾客都是有目的而来的，不会嫌上楼麻烦。百货大楼方面也知道那些闲逛的、漫无目的的顾客不会进到这些店里去，所以把专卖店安排在了较高的楼层。在一本书中，这就相当于你知道可能会被读者"跳过"的部分。

在写一本书的过程中，不可避免地会涉及一些专业知识的讨论：或者是专业数据、或者是和主干信息相关的细枝末节，又或者是相对高级的应用和实践。

把这些内容都安排到高楼层的专卖店吧，在第4章或第5章前后讨论就足够了。千万别把它们放到二层或者三层。就把它们放在高层，不要介意读者可能会选择跳过。就我个人感觉而言，从男装楼层到专卖店楼层属于第二部分。

如果读者从一开始就"沉浸"在这本书里，那么即使这部分的讨论偏专业、偏技术性，他们可能也会继续跟上。虽然自己不会去买那些高级手表（和自己没什么关系），但带着轻松的心情随意扫几眼也不错。

如何利用百货大楼的设计来考虑书的章节结构？你现在是否隐约找到了感觉？

剩下的就是百货大楼的高潮部分：餐厅楼层和屋顶。只有设计到了这一地步，读书体验才算完整。

书的结构③　如何设计读后感

◎ 第6章……餐厅楼层

我们对于"百货大楼的顶层是餐厅楼层"这一事实并没有特别的疑问。从有记忆以来，好像一直都是这样，觉得它是百货大楼中的"最后一站"。但还是让我们停下来想一想：把餐厅安排在顶层意味着什么，我们从中得到了什么好处。

例如，郊区的购物中心里也有很多餐饮店。里面既有大型的美食广场，也有随处可见的快餐连锁店。由于购物中心的结构安排，它们并不一定总是在顶层，而是经常被安排在刚进门的第一层。

购物中心的餐饮店就是购物中心的中转站和休息场所，它是一个方便那些来大采购的顾客们填饱肚子的基地。因此，提供的饮食也以快餐为主，让顾客简单而迅速地吃饱。

但是，快餐店不适合放在百货大楼的顶层。这与其说是价格范围和目标客户群的原因，不如说是因为它和贯穿整个楼层的设计理念不匹配。百货大楼里的餐厅不应该是一个急着吃饭的地方。它应该是一个让顾客放慢脚步、细细品味美食的地方，而不是一个只求填饱肚子的地方。

因为百货大楼的餐厅提供的不仅是美食，还有"交谈的时间"。顾客从一层逛到二层，从二层逛到三层，最后在这里回顾一整天的购物体验，说些"今天真开心啊""在那家店试穿的衣服和你真搭呀""回去的路上再逛一次吧"之类的话。这就是位于顶层的餐厅的功能。

书的最后一章也应该是这样。

在这一章中回顾之前的种种讨论，就像写作者和读者已经成为共同经历漫长旅程的朋友一样。这一章要告诉读者，在这里度过的时间没有被浪费，它是值得的。这一章需要向读者展示出与前面的楼层完全不同的价值。具备了所有这些要素的章节，才是理想中完美的"最后一章"。

从写作者的角度来看，写到最后一章已经是"筋疲力尽"了。

感觉已经把该说的都说尽了，只希望能够赶紧写完，放松一下。于是写作者容易在此以"总结"之名含糊过去，或者说些"未来会怎样""以后会怎样"的话来蒙混过关（简单地用"未来会怎样"去进行总结，这样的倾向正是写作者拘泥于"时间发展顺序的构思"的证据）。

但我认为，这样的做法只会白白毁掉前面好不容易建立起来的"体验"，十分愚蠢。最后一章应将讨论推向更高的高度，并且只能是在前面讨论的基础上进行。一家百货大楼的排场是靠它的餐厅楼层决定的，而一本书的实力是靠它的最后一章决定的。

◎ 后记……屋顶

百货大楼的最后一部分是屋顶。

在昭和时代（1926—1989 年），百货大楼的屋顶上一般设有小型的游乐园，现在则大多以庭院式空中花园的形式向公众开放，有大量的绿色植物作为装饰。庭院里种植了树木和草坪，还有人工溪流穿过，同时还有开放式的咖啡馆。

百货大楼想要通过这个庭院为顾客提供什么？

首先，为什么要开放大楼的屋顶（不太可能对销售额有很多贡献）？答案正是为了"体验"。

屋顶有蓝天微风，有可供眺望的景观。它是城市中为数不多的可以感受天空和风的地方。事实上，当你逛完所有楼层踏上天台时，眼前又是一片全新的景色。那种开阔感远远超出你的想象。

而一本书的后记就应该是个向读者展示新风景的地方。

在"阅读"这场旅程的最后，你会惊讶地发现自己竟然来到了这么高的地方，并且深深陶醉于放眼望去的绝佳风景。当你一直读到最后一页，合上书，抬起头，眼前的世界仿佛焕然一新。在这里，微风吹拂着你的心灵，而你将以崭新的心态向前展望。这就是理想中的后记。

我相信，不管是什么样的书，只要是"好书"，读完之后都会感觉神清气爽；而一本读完后让人神清气爽的书，肯定会在人群中传播开来。读后感（出口）的设计与导入部分（入口）的设计是同等重要的。

以上就是我的"百货大楼理论"。

有些地方我无法具体细说，比如"第 1 章要讲这些""第 2 章要这么发展"。这些都是"因书而异"的，我自己在创作时也会为此发愁。另外，每一章要包含的要素未必总是要遵循"百货大楼理论"。事实上，就本书而言，由于我希望它能起到"教科书"的作用，所以也并不适合直接照搬这一理论。

尽管如此，在设计一本书时，百货大楼的结构还是一个很有价值的参考。如果可能的话，希望你能去实地参观一下百货大楼，以一名取材者的视角亲自体验设计的整体性。

例如，当你乘着自动扶梯上楼时，首先映入眼帘的是什么店，卖的是什么产品？一家好的百货大楼和一家不好的百货大楼之间的不同在哪里？每个楼层播放的背景音乐有什么不同？休息的长椅设置在哪里？顾客在购物时是什么样的表情？把商场的楼层地图拿在手上，一边参考一边体验吧！

当我解释"百货大楼理论"时，几乎每次都会有人问我："那么百货大楼的地下商场是什么样的定位呢？"尽管这部分内容其实与主题无关，但姑且还是在此介绍一下。

我认为，所谓的"地下商场"，就是一本书的"宣传内容"。它一般是对写作者的采访或者是试读内容，在新书发行前后出现在报纸、杂志、网络媒体上。

诚然，这里也有不少顾客，（看上去）也很热闹。然而，就像现实中的地下商场一样，要让这里的顾客上楼并消费，还存在着不小的阻碍。换句话说，百货大楼的地下商场的充实（即宣传力度大）并不一定意味着百货大楼整体的充实。

采访稿①　比起信息，多描绘"人"

接下来，让我们考虑一下采访稿。

这里所说的采访稿是指以一问一答为形式的原稿，在"写作者提问，受访者回答"的规则下双方进行对话。采访稿读起来很轻松，几乎是杂志和网络媒体上的主流文章风格。

采访稿和其他风格的原稿（如以叙述者为第一人称撰写的"听写稿"或"讲话稿"）之间最大的区别是什么？

那就是写作者的有形存在。

在采访稿中，还插入了作为听话者（提问者）的写作者的话语。而叙述者（以下假设他叫山田先生）并非想到什么说什么，他是在"回答问题"。"问与答"是采访的基本形式，而山田先生更像是一个"被动者"，而不是一个主动的叙述者。

因此，有许多写作者会这么想：

在取材中，最重要的是"问什么"。提的问题要精准，要准确地问出读者们想要知道的，然后以精炼的方式加以总结——这就是写作者的使命。

不过，很遗憾，这样想的人其实对采访稿的本质一无所知。

站在山田先生的立场上好好思考一下吧。

山田先生不能自己想说什么就说什么，而是写作者问什么，他才说什么。如果拿下馆子来比喻的话，这就像是一家只有"主厨套餐"的餐厅。在这里，不是你想吃什么就上什么，而是上什么你就吃什么。与一般餐厅不同的是，在采访中，可能你想吃肉的时候一直给你上鱼，你想喝热汤的时候却给你上沙拉，甚至是你不喜欢的菜。这种情况真的很令人郁闷。

但如果你不点那些杂七杂八的，那么端上来的菜你都能吃个精光，甚至是吃得津津有味。而如果做不到这一点，就会让难得的饭局变得索然无味，毁了好不容易到手的机会。对山田先生来说，采访是一个"要把端上来的东西吃得津津有味"的空间。

现在再让我们站到读者的立场。

采访稿基本上是用口头语来写的，而不是书面语。为了传达现场的气氛，常常会用到如"（笑）"和"！"之类的符号。许多情况下，还会插入采访时的照片，好让读者看到受访者的表情。因此，读者和山田先生之间的心理距离是很小的。你会觉得山田先生好像就在你面前说话。比起那些用书面语写的"硬邦邦"的内容，用口头语写的采访稿更能让人感受到受访者的真情实感。

采访稿之所以易读，是源于人们对口头语的亲近感、对对话形式下的展开的好奇，以及仿佛共享了时空的身临其境之感。简而言之，就是源于一种"真实感"。

以上就是采访稿自身结构的特点，与写作者的能力无关。读者会被引导相信采访稿是"真实"的，以为那就是全部，尽管受访者可能没能说出自己全部想说的（因为没有被问到）。采访稿虽然可读性强，但同时它的内容又是极其复杂而矛盾的。

那么，采访稿的目的到底是什么？是弄明白受访者真正想说的东西，并把它问出来吗？

不，不是的，并且我们也做不到这一点。如果有写作者觉得自己能够做到，那这种想法实在是太傲慢了。在我看来，采访稿的目的是让阅读后的读者成为受访者的粉丝，而不仅只是提供一些信息或者知识。比起让读者对受访者产生同感，更重要的是让读者对他产生亲近感、好感，从而喜欢上作为一个人的他。这才是身为采访者的责任和义务。

美国作家库尔特·冯内古特在美国一处艺术学院发表演讲之前，坐在他旁边的院长这样告诉他：

> "没有人在乎你要说什么，几乎也没什么人对你要演讲的内容感兴趣。他们只想从你的语气、肢体语言和面部表情中去观察你是否是个诚实的人而已。"
>
> ——《冯内古特大谈特谈》[一]

采访稿也是如此。

[一] 此为日文版标题直译，英文原版标题为 *Wampeters, Foma and Granfalloons*。作者是库尔特·冯内古特，日文版译者是飞田茂雄，由早川书房出版。——译者注

在"这个人说了什么"的另一面，读者还关心"这是个什么样的人"。通过采访稿中山田先生回答提问的样子，我们可以观察到山田先生的那份真诚、认真、理解力、机智和幽默等。这正是所谓的"要把端上来的东西吃得津津有味"，也是受访者个性和人格的真实表现。

这就是为什么在采访稿中描绘人物比传递信息更重要。只有当"这个人足够有趣或者值得信赖"，他所讲的话的具体细节才能传进读者的耳朵里。接着让我们来注意一下整理原稿时的一些具体要点。

采访稿② 描绘一个口头语的"我"

让我们先来回忆一下曾在第 2 章中谈到的内容。

"不论是什么样的采访，一定都有一个主题。"

没有什么人会突发奇想地说"我们去听听这个人的意见吧"，然后就去安排一场采访。就算采访前说"今天我们没有特定的主题，就随便聊些杂谈吧"，那么"没有特定的主题"就是主题，采访的方向就是聊些"有趣的杂谈"。

而只要有一个主题，就有"应该问的东西"。如果聊到最后谈论的都是那些与主题无关的事情，那么整个采访计划的大前提就崩溃了。

此外，只要是"我"在做采访，那就肯定有"我"想问的东西。虽然这些问题可能与这次的主题没有直接关系，但"我"无论如何就是想要问。如果你没有这样的问题，那就说明你不是个合格的取材者，无法体现要"你"来做采访的意义。

我们需要非常小心地平衡"应该问的"和"想问的"。如果你是采访人，你会把重心放在"应该问的"还是"想问的"上面呢？

大多数人可能会说："我会在整体上坚持'应该问的'问题，但在取材中的适当时刻，我会提出自己'想问的'问题。"也就是说，他们把"想问的"问题当作是决定取材成功与否的终极王牌。我在第 2 章（切换提问的主体）中也曾讲过类似的内容。

但这里有一个很大的陷阱。

如果你把自己"想问的"问题放在取材的中心位置，那么整场取材将不可避免地变成一场"诱导性提问"。

无论什么话题你都想方设法地把它往自己"想问的"问题上面靠，你在这场采访中只顾着自己方便。最终，为了让对方说出你想听的东西，你在无意识之中将其他障碍一个一个清理干净，一切都只为了给自己"想问的"问题铺路。有自己"想问的"问题的确很重要，但千万不要把取材变成了审问。"应该问的"和"想问的"是同等重要的。

让我们基于以上的讨论，思考一下如何编排一份采访稿。

假设你根据"应该问的"和"想问的"两条轴线整理了一份采访稿。这两方面的内容对取材来说都是至关重要的，缺一不可。两者兼顾的做法可以保证稿件的质量在一定水平之上。这样的采访稿，觉得它有趣的读者应该也有不少吧。

然而，只靠"应该问的"和"想问的"去描绘一个人还是太困难了。这样会导致你过度关注双方谈话中的"意义"和"信息"，从而使你的视野变得狭窄。而你为了准确地传达信息，在写作时会不可避免地采用书面语。来之不易的一场采访，但结果读者看到的却都是那个来自"官方的我"的僵硬回答。

这就是为什么最重要的是现场的"题外话"和杂谈，而不是"应该问的"和"想问的"。可以这么说，当你事前准备的计划"失灵"时，说明你的采访已经进入了佳境。

因为那里可以看到一个"口头语的我"、一个"素颜的我"。只有在偏离主题时，对方才会如获自由地展示自我。

并且其实也不存在什么真正的"题外话"（没有前后语境的故事）。

在谈话开始离题之前，总有一个跳板，像是"这么说起来，让我想起了……""和这个也有关系，我刚刚想到了……"之类（有时未必是具体的语言）。也许只是你在现场时没有注意到，对方会离题也是有着自己的语境和脉络的。

如果在整理原稿阶段，你注意到了对方的语境和脉络，并成功地将其与主题联系起来，就像让脱轨的列车回到轨道上并再次加速前进，这对读者来说将是一种极佳的阅读体验——"原来那个故事和这个也有关系啊！"

而当受访者读到这样的采访稿时，想必他会对你十分感谢："对对对，这就是我想说的！"一场有吸引力的"题外话"，将有助于丰满对方在采访中作为一个"人"的形象，有助于描绘他的"素颜"，更有助于"让读者想要成为他的粉丝"。

以上的讨论有些抽象，现在总结一下关键点。

首先，在取材时你要准备好"应该问的"和"想问的"。

其次，要把两者同等对待，不可偏重。不要把采访当成是审问，也不要想方设法地让对方说出你想要他说的。

不要害怕在取材中离题，反而要欢迎它。

在整理原稿时，你要好好思考"题外话"和"主要路线"之间的连接点。你要看清题外话背后的脉络：是什么逻辑或者契机导致了离题？它和主题又有什么关联？

在此之上，必须把脱轨列车回到轨道上并开始加速前进的关键时刻描写清楚。

如果你在创作采访稿时能够带着上述意识，那么写出来的稿子自然就会接近对"人"的描写，使其成为"只有通过采访形式才能实现的内容"。

如第 2 章所述，千万不能把取材当成是面试。因为面试时不允许有离题和杂谈，也不可能通过面试来了解对方作为一个"人"的存在。

对话稿①　对话与采访的区别

接下来让我们来考虑一下对话稿。这类原稿一般有两位嘉宾出场，写作者（或编辑）则充当主持人的角色。

和采访稿一样或者更明显，对话稿也是以口头语写成的，阅读起来也很轻松简单。对话的取材现场的氛围也和采访相似，因此很多人认为这两者并无多大的区别。

然而，采访和对话之间还是存在一些明显差异的。如果不把这一点想清楚，那么为什么还要特地让两个嘉宾（如果是三人谈或者座谈会就会有更多的嘉宾）登场呢？这么做的意义何在？在此主要列举三点不同。

①是"对话"，不是"问答"

如前所述，采访主要以"问答"的形式进行。受访者只要回答对方的提问即可，自己很少主动提问。

而"对话"顾名思义，指的是双方的谈话。你既会被问及问题，也会主动提出问题，而且大多数情况下你是在分享自己对某一主题的看法，并不局限于问答的形式。即便现场有充当主持人的写作者或者编辑，他们也不可能控制对话的发展（任何试图掌控的行为都会导致现场变成"采访两个人"，而不是"两个人的对话"）。在对话的环境中，存在着比一般采访更多的不确定因素。

②期待产生化学反应

那么，为什么我们要特地策划一场对话呢？为什么不干脆都做成采访呢？为什么要冒着可能出错的风险进行一场不可控的对话呢？策划过人物对话的编辑应该是这样想的：

"把那两个人组合到一起肯定会很有趣。"

"如果那两个人一起聊这个话题，对话会怎么发展呢？"

"就一次也好，真想看到这两个人的组合。"

这也是喜欢看人物对话的读者们的感受。换言之，对话作为内容的价值就在于其不确定性，大家都在期待着化学反应的产生。我们想看到一些单独采访 A 的时候看不到的东西，想看到 A 和 B 交手时发生的化学反应。这就是读者想要看到的，也是组织者费尽心思策划一场人物对话的原因。自然，写作者必须要捕捉并描绘出化学反应发生的那个瞬间。

③以交换为目的的内容

对话的本质是一种"交换"。

理想的对话不是单纯地重复"说和听"，日常中的交流也是如此。知识、信息、经验和价值观的"交换"才是对话的本质，而正是这种交换引起了化学反应。

大多数日常的闲聊就像是一场回合制的"自说自话"，双方都只顾着讲自己想讲的，并不把"交换"或"互相学习"作为目的。采访也是如此。虽然需要写作者来抛出合适的问题，但采访的基本思路还是让对方尽其所能地谈论自己掌握的信息。说话方和听话方之间的关系就像是投手和捕手的关系，采访现场并不是一个交换知识和经验的空间。

而对话则是一个交换的空间。通过知识、经验以及由此引出的话语的交换，促使化学反应的发生。你可以尝试着从"交换"或者"接球游戏"的角度，来重新审视"对话"以及日常生活中的交流。

以上述三点为基础，在下一节中我们将具体探讨如何整理一篇对话稿，如何描绘对话和化学反应（也就是"交换"）。

对话稿② 要再现现场的什么

一般来说，对话稿是一种"对话者驱动"的内容。

现场主持的写作者或编辑能做的事是有限的，而且对话双方的性格、心情、身体状况和对彼此的兴趣都会在很大程度上影响最终结果。双方可能话不投机，也有可能谈得兴致勃勃。我们无法预测现场对话的走向，"对话者驱动"基本上决定了一切。

尽管如此，如果你能在编排原稿时注意到以下几点，内容的价值将会大有提升。以后请不要把"现场气氛不够"当作是写不出有趣的对话稿的借口。

①描绘双方之间的关系

对话是两个人之间的对话。读者可能两个人都不认识，也可能只认识 A，但不认识 B。这就是为什么在对话稿中，要用引文（插入在正文之前的文章）对人物进行简单介绍，或者设置专门的人物简介栏。

但不要以为这就够了。对于读者来说，这两个人之间的关系仍是未知的。他们是第一次见面吗？还是说他们是经常见面的朋友？又或者他们是好几年甚至几十年都没有见过面的旧友？如果没有把这些前提和读者共享，将会大大影响读者在阅读正文之前的"安全感"。

因此，我经常在对话开始时插入一些"提示双方关系的话语"。

比如，A 说："你好，初次见面，很高兴见到你。"B 回答："我也很高兴见到你。"

又比如，A 说："哎呀，我们已经有多少年没这样一起说过话了？你最近好像混得不错啊！"B 笑着回答："什么呀，只是瞎忙活罢了。"

即使只有短短几句话，读者也可以从中对两个人之间的关系有一定了解。这样一来，读者在阅读正文之前就能够建立起一个认知前提——"他们居然是第一次见面"或者"他们居然是认识了很久的老朋友"。如果两个人之间的关系都还没弄清楚，对话就开始了，那就会在无形之中给读者施加压力。因此，哪怕只有一句"初次见面"也好，一定要尽早提示两个人的关系。

另外，值得一提的是，像"初次见面"和"好久不见"之类的问候往往是在录音开始之前进行的。等打完招呼，双方就座，表明取材主旨，按下录音按钮之后，"初次见面"之类的话就不可能再出现了。因此，最好在对话正式开始之前就打开录音，或者好好记住（最好是记录下来）录音之前他们是怎么互相问候的。

②写作时注意区分两种文体

谈话的双方出生环境不同，成长环境不同，彼此是没有血缘关系的"他人"，是有着自己独特个性的人。在语言层面，他们是各自有着独特"文体"的人。

这就是为什么在对话稿中，必须要明确区分双方的"文体"。在写作时，必须要让读者根据文本本身就能分辨出这是 A 还是 B 的发言。如果你用很官方、很正式的书面语去写作，就无法很好地做到这一点。书面语往往是平淡的，说得难听一些，甚至会让文章扁平，没有个性和特色。正是对话所特有的口头语的存在，才使写作者有可能以各自独特的"文体"（包括口头禅在内）去区分二者。

在采访稿中，写作者一般会对提问者（自己）的问题和受访者的回答使用两种明显不同的风格，尽可能地对自己的发言选择一种郑重的、无个性的文体，以免喧宾夺主，影响受访者的表现。但遇到对话稿，许多写作者却还用同样的文体来描绘两个不同的主角。

多多观察对话双方各自的文体吧。不仅要注意用词和句尾，还要注意他们各自的"声音"。只有当读者能听到文字上面的"两种声音"时，对话稿才算成功。

③明确对立点和一致点

作为写作者出席对话现场时，最令我激动的时刻是双方的讨论在某些方面达成一致的时候。换句话说，就是对话者十分同意对方的意见，连声说："对对对！就是这么回事！"然后进一步补充自己的想法。仿佛双方在此刻实现了心意相通，产生了一种奇妙的化学反应。

但话说回来，对话本来也不是一个像辩论赛那样与对手争论的形式。

即使对方说了一些略显奇怪的观点（你很难表示认同），你也不会直接表示否定，反而尝试去找出一个可以让对话顺利进行下去的一致点。这是对话双方都要遵守的、起码的礼貌，而且还要考虑到读者的存在，对话中要尽量避免冲突，努力在现场营造一个"大体一致"的和谐气氛。

但也因此，一篇全是由"对对对"和"就是你说的那样"构成的对话稿就只剩下了一致点，缺乏紧张感，显得像场面话、客套话。在某些情况下，甚至可能会让读者产生疑问："他是不是其实心里想的和说的不一样？"

对话的是两个不同的人，有着各自的生活和个性。即便是对于同一个给定的主题，他们观察问题的角度也是不同的，并且有着自己的想法，并非完全同意对方所说的观点。"你也许是那样想的，但我的想法是这样的"情况必然是存在的。

例如，一位柔道运动员和一位职业足球运动员以奥运会为主题进行了对话。他们都是代表日本参加过奥运会的顶级运动员，肯定会有不少一致点让双方连声表示："对对对。"但是，一个参加过世界杯（比奥运会更大的舞台）级别的足球运动员和一个没有去过那么大的舞台的柔道运动员，在对奥运会和国际比赛的认识上肯定存在着某种差异。在对话的过程中，虽然一方未必会明确地对另一方表示"你说的不对"，但在一些情况下肯定也会委婉地表示"我是这么认为的……"

描绘这种对立和一致，其实就是在描绘对话中的"人"。

人和人之间总会有些相似的地方，被邀请参加对话的两个人也许存在着更多的相似之处。然而，那些不能妥协的"不相似的地方"正是当事人个性的体现，写作者的工作就是要在对话中找出这些"不相似的地方"。

④描绘时间

和采访稿一样，对话稿也有一条名为"时间"的线贯穿其中。

在对话开始时，双方十分正式地问候了对方，像是"初次见面"和"许久不见"，但渐渐地他们敞开了心扉，在对话中掺杂了真心话和玩笑话。讨论越来越热烈，到了最后双方依依不舍地告别，约定下次再见，然后结束一天的录音工作。采访稿和对话稿中时间的流逝大致都是如此。只有当这种时间的流逝被很好地描绘出来时，原稿才会变得鲜活，才能让读者体验到采访或者对话的真正乐趣。

最能体现这一点的就是语言的变化。

特别是当两个人第一次见面时，对彼此用的都是敬语，说话十分客气礼貌。但聊着聊着，因为某个契机，一些"俗话"就开始冒出来了。

这既显示了两个人关系的升温，也表明了发自内心的吃惊。读者可以从这些不经意的表达的变化上感受到时间的流逝。小到时间的流逝，大到敞开心扉的程度，哪怕仅仅一个表示附和的"嗯"也包含了许多信息。

⑤描绘"交换"的瞬间

"交换"到底是什么？

我认为，理想的交换就是相互学习。在尊重对方的个性、经验和价值观的基础之上，尝试从对方的话语中学习一些东西，不是单方面的学习，而是相互学习。这才是有意义的对话、有意义的"交换"。

因此，那种 A 和 B 只顾着向对方表述自己的想法的对话就像是在轮流"自说自话"，作为"对话"的价值并不大。简单来说，理想的对话要让双方对彼此都不禁发出"原来如此""真有意思"的感慨，这才是相互学习。

还有很重要的一点。对于 A 的发言，如果 B 回答说"原来如此"或者"真有意思"，那么读者也会和 B 一样态摆出"学习"的姿势。通过 B 的态度，读者认识到"原来 A 说的这么重要，在别的地方可听不到"，从而更好地享受对话的内容，仿佛是在重温 B 的现场体验。如果相互学习的对话变成了"两位大家一起对读者说教"，那么读者的体验将会大打折扣，也就无所谓"重温"了。

带着"这是在相互学习"的意识，再去把对话的录音仔细地听一遍吧，特别是双方的用词、附和等。比起表示赞同的附和，多关注表示理解接受和敬佩感动的附和，像是"原来如此""真有意思"等。尤其注意着重描绘这类附和前后发生的"交换"，尽可能地突显对话的价值。

我们无法掌控对话的现场，因此整理一篇对话稿要比整理一篇采访稿难上好几倍。如果你能写出一篇有趣而生动的对话稿，仿佛都能从文字中听到两个人的声音，那么足以证明你作为一名写作者的功力。建议你多读一些有趣的采访稿和对话稿，或者找到一位优秀的写作者或采访者当作你的目标。

散文① 专栏和散文的区别

现在来考虑一下散文。

如果写作者就是取材者，那么他漫无边际地叙述个人想法和感受的散文似乎不属于这里讨论的范畴。所谓散文，通常不会进行什么专门的取材（采访、调查文献），只是记录发生在自己身边的事件和个人的内心世界。根据本书所述的写作者的定义来看，散文明显不在讨论范围之内。

然而，散文绝不是"漫无边际地叙述个人思想"的文章。相反，如果没有作为取材者的基础，是写不出来散文的。优秀的散文作者无一例外都是优秀的取材者。

究竟什么是散文？

为什么散文也要取材？

为了回答这个问题，我们先来思考一下它和专栏之间的区别。专栏和散文经常被混淆，很少有人从写作者的角度（或者写作时的意识和立场）来阐明它们之间的区别。

首先问一个问题。当听到"专栏作家"和"散文作家"的头衔时，你的脑海中会浮现出怎样的人物形象？

当听到"专栏作家"这个词时，你可能会觉得这个人是比较男性化的、难以取悦的、知性的（或者说得难听一点，装腔作势），像个爱挖苦别人的"讽刺家"。而当听到"散文作家"时，你可能会觉得这个人是比较女性化的、情感丰富、平易有趣，还有点儿"傻气"。虽然我没有做过问卷调查，但我感觉这两个词给人的印象基本上就是这样。

有一个词叫"掌篇小说"，是用来描述比短篇小说还要短，只有手掌大小的小说的术语。据此，我认为可以以"掌论"的视角来思考专栏。专栏不像评论、论文或小论文那样严肃，只在报纸或杂志上的一处板块内就特定内容进行评论。从"评而论之"这个词本身就可以看出，专栏主要以自身外部的事物（如人物、东西、事件、社会现象等，时事居多）为对象。

而"散文"这个词天生就带有一种"随性"的自由感，是一种"自由且无拘束的写作"。散文着重描写自己的内心世界：在许多情况下，往往是受到了外部世界的某种触动，从而引发了内在自我的变化。

换种更简单明了的说法吧。

专栏是一种"无端牵连的文章"。

不请自来地对对象进行指指点点，并展开自己的观点。专栏作家的工作就是"多管闲事"。《朝日新闻》的"天声人语"、《读卖新闻》的"编辑手账"和《日本经济新闻》的"春秋"都是如此，他们往往不请自来，把对象无端牵连进"自己的世界"，写些"多管闲事"的文章构成专栏。虽然思路清晰、论述井井有条，但都是以教条、偏见、主观、直觉和个人好恶为基础而展开的。毕竟他们只是在"自己的世界"里展开论述，说的内容再怎么主观也无所谓。他们没有必要去讲些"正确的话"。

而散文则是"被无端牵连的文章"。

衣服还在晾着，突然下起了雨；在打扫房间的时候，从抽屉里发现了一封过去的信；参加同学聚会时，班主任和我说起了那些话……因这些琐碎的日常事件而意外地"被无端牵连"，由此引发了"内心的变化"——这就是散文描写的对象。

这样就可以解释专栏作家和散文作家在公众形象上的差异了。

碰上时事新闻，专栏作家总是不请自来，然后展开自己的论述，这看上去多少有一点刻薄或者愤世嫉俗。既然是展开自己的论述，就不会只从主观角度出发，同时还会加入客观事实，以论证分析对象。这需要有一定的知性，而且作者必须提供"新的视角"，也就是"别人可能都是那样看的，但我是这样认为的（信息的稀缺性）"。他们有理性、知性的一面，但在公众看起来有些偏执或装腔作势。

与之相对，"被无端牵连"的散文作家则不同。作为叙述者的"我"一直希望能过上平安无事的生活，但不知为何被卷入某个事件或骚乱之中。他们从来不会居高临下地看待对象，而是把自己放在一个较低的位置（即普通百姓的立场），讲述那个"被无端牵连的我"。描写的对象始终是与日常生活相关的风景，这让读者感到熟悉和有趣。而"被无端牵连"的结局往往就像是一出轻喜剧一样，作家给人的印象也是略带几分"傻气"。

……不知道我这么解释，是否能让你理解专栏和散文之间的区别呢？

现在，你是否对自己想做的事有所了解了呢？你更想写哪种文章？过去你把重心放在了哪里？

一个专栏的好坏取决于它的（自以为是的）切入点。展开"自己的论述"的文章有人欣赏，看起来犀利的文章同样也有人喜欢。

接下来是写散文时需要注意的一些要点。

散文② 从情绪化的文章到感受型的文章

本书中曾多次强调"符合逻辑"的重要性。

然而，逻辑在散文写作中并没有那么重要。虽然我们不希望文章读起来前言不搭后语，但更不希望把散文写成摆论点和提主张的议论文。散文的魅力就在于它自由自在地展开。

既然这样，那么散文应当遵循的原则又是什么呢？

散文是随心所欲、随意而写的文章吗？这样的文章能够娱乐读者吗？如果是这样，这不就是只有少数天才才能完成的杰作吗？

没有逻辑的轴，就很难写出别人愿意读的散文。完全随心所欲写成的散文，主题全都是自己身上的事，其他读者是不会有兴趣读这样的文章的。这和别人没兴趣听我讲自己做的梦是一个道理。

先来讲讲我自己的原则吧。

先让我们从以论文和评论为代表的"合乎逻辑的文章"的对立面去思考。"合乎逻辑"的另一面（对立语）是什么？如果你认为是"情绪化"的话，那可就要多加注意了。

诚然，情绪化的语言是很强烈的，有很大的诉求力。"哭了、笑了、生气了、很高兴、好难过、让人火大、好孤独……"这些围绕着喜怒哀乐的情感词汇直截了当地传达了作者的感情，而正是由于这份直接，读者很容易对其产生共鸣。这种结构和那些强调"感动到流泪"的电影宣传、在喜剧节目中插入罐头笑声的做法没什么区别。情感、情绪是很容易被传播开来的（引起共鸣或反对）。

那么，写散文的基本思路就是表达或者发泄自己的情感吗？读者会喜欢阅读别人的喜怒哀乐吗？不，恐怕不会。

合乎逻辑的另一面并不是情绪化。

不管字典上怎么解释，至少我认为与"合乎逻辑的文章"相对的是"感受型的文章"。这里的"感受"一词既包括了直觉和感性，也指视觉、听觉、触觉、味觉和嗅觉。我是这么看的，我是这么听的，我是这么感觉的——这种植根于敏锐的"我的感觉"来展开叙述的文章就是感受型的文章，也是散文的基础。

而感受型文章的根基则是彻底的"观察"。

即便某人是散文作家，这也并不意味着他身边总是会发生些特殊事件。正因为他在日常中是个敏锐的观察者（或者说是取材者），他才会有所发现。他会被"算不上事件的事件"所感动，会被其他人忽略的日常琐事所感动。而在那几秒钟，甚至可能只是一瞬间，他捕捉到了内心的感动，并把这种感动组织成实实在在的文字。他所说的那些琐事，许多读者在日常生活中可能也经历过。这就是为什么读者容易对这些散文产生共鸣。

而与此同时，情绪化的文章从不试图去观察什么。它只关心自己的内心世界（自己的喜怒哀乐），并粗鲁地发泄自己的情绪，甚至试图影响读者的情绪，迫使读者同意自己的观点或对自己产生同情。而关于喜怒哀乐的词汇毕竟有限，在写作时很容易流于夸张。为了强调他"哭了"，在写作时故意写成"号啕大哭"，并自欺欺人地说"泪水模糊了双眼，屏幕都看不到"，以煽动读者的情绪。开什么玩笑，如果看不到屏幕了，那只是因为自己把眼睛闭上了吧。

优秀的散文作家不会粗鲁地发泄自己的情绪。他们是观察者，甚至连"被一部电影感动哭了的自己"对他们来说也是观察的对象。他们都有沉着的心态，对于陷入喜怒哀乐的旋涡的自己，他们或觉得惊奇，或觉得好笑，或觉得厌恶。

接着，散文作家仔细描述自己所观察到的情况（包括自己）。他们不画充满"意义"的抽象画，他们只爱为"我看到的东西"写生。他们对情景的细致描写与自身的精神景观同步。例如，仅仅通过描绘插在花瓶中的一枝花，就营造出了一种孤独感。他们从不依靠如"孤独""寂寞"之类的情感词汇，而是着重描绘自己的内心景观。

他们有着敏锐的观察力和扎实的描写力，以及一种与"我"的距离感，好让"被牵连的我"也成为观察的对象。他们从不诉诸情感的话语，而是观察那触手可及的世界，观察自己的思想如何发生变化。一篇好的散文，是一手拿着放大镜，一手拿着笔写出来的。

如何考虑内容的保质期

我刚开始从事职业写作的时候，主要是为杂志工作。

就杂志（尤其是周刊）而言，信息的稀缺性往往与信息的新鲜度高度重合。刚开始工作的时候，有时我提出了一个听起来很有趣的企划，结果副总编却驳回了，还说："这个连我都知道了！想出些我不知道的东西来！"对于当时40多岁的副总编来说，"连我都知道了"就意味着它已经不新鲜了。换句话说，就是没有登载上杂志的价值。

到了30岁，我进入了图书行业。以前因受到杂志字数的限制而不能写的东西，我现在可以尽情地把它们都写进书里。而且与新一期发行，旧一期就会从书店中消失的杂志不一样，书籍会长久地留在那里。我正是考虑到这一点才转行了。

现在问题来了：内容的保质期是多久呢？

周刊需要为"本周的读者"提供"本周限定的内容"。而书籍考虑的不是这周或者下周，而要着眼于明年甚至后年的读者。简单地说，"这些糖果现在在女高中生中很流行！"可能是某周刊的企划，但不可能是一本书的企划。我们需要创造有较长保质期的、具有普遍性内容，并且在未来几年甚至几十年内都有人会去阅读。

既然这样，在创作内容时应该遵循何种原则呢？

很多人会问："什么样的内容才会永久流传呢？"于是想着应该为明年、后年、5年后、10年后的读者创作什么样内容。我起初也是这么想的。

但坦率地说，这完全是徒劳无功的。未来是难以预料的，再怎么思考也可能是无用的。

在考虑内容的普遍性时，我们不应该着眼于"未来"，而应该着眼于"过去"，而且不是去年或前年的过去，是10年、50年甚至100年的过去。

例如，当我第一次读陀思妥耶夫斯基时，就被深深地震撼了："这个主题真现代啊！"甚至会兴奋到产生一种错觉，仿佛陀思妥耶夫斯基是个能够预见未来的先锋作家。

但其实并非如此。

不仅是陀思妥耶夫斯基，所有被认为留下了经典作品的伟大作家们，他们既不是先驱，也不是进步者，只是拥有"普遍性"。正是由于其作品带有的普遍性，它们才流传至今，并且在其问世时大受欢迎。作品所处环境可能会改变，但我们人类面临的烦恼在未来的一两个世纪内都不会改变。

当我在写《被讨厌的勇气》（2013 年出版）时，我打算把它打造成一部新的经典。虽然可能会有人嘲笑，但我真的希望它能是一本流传百年的书。

我具体做了些什么呢？

我会在脑海里想象 100 年前的读者。也就是说，我希望生活在日本大正时代（1912—1926 年）的读者也能够读懂它，并且觉得它很有趣。所以那本书里完全没有谈及计算机、互联网、智能手机和社交媒体等，甚至都没有电视和广播。在创作时，我尝试着在不借助这些小道具的情况下去探寻并解释人类的根本性烦恼。

此外，该书也没有重点提及日本社会的具体问题，因为在创作前我就假定世界各地的读者都会阅读此书。我尽可能地避免了诸如考试、求职和儒家价值观等在日本生活中常见的话题。在表达上，我会谨慎地用"在我国，现在……"去替代"在日本，现在……"在列举伟人的例子时，我选择了拿破仑和亚历山大，而没有提到日本人。也正是因此，这本书现在已经被几十个国家翻译，有了许多不同语言的版本，颇受欢迎。具有普遍性的内容不仅有着超越时间的可能性，甚至可能超越语言和国界。

在采访和研讨会上，我经常被人问及创作长销书的秘诀，但也许并没有什么所谓的秘诀。

如果有什么是我可以确定的，那就是：如果你想看未来十年，就得先看过去十年；如果你想看未来百年，就得先看过去百年。创作时注意这几点：你的用词是否只在现在的读者之间流行？是否只是某个特定时期的产物？你讨论的是否都是特定背景下的问题？另外，与其着眼于未来，不如想想你的内容能否触动十年前甚至百年前的读者。

先确定风格，而不是类型

如果你期待本书是一本教你写作技巧的书，那么很抱歉，我在本书中并没有谈论"如何写文章"的打算。在这个几乎人人都在使用电子邮件和社交媒体的时代，大家都会写作，且一直在写作。我们通过互相发送文字就可以愉快地聊天。所以我的基本立场是：没有必要学习如何写文章。

本书讨论的对象不是文章，而是原稿。

作为可供读者娱乐的内容，我围绕着原稿阐述了我的思考。然而，尽管现在已经到了第 6 章的结尾，还是没有深入探讨"如何写"的具体细节。至少到目前为止，我都没有谈及如何使用标点符号之类的技巧。

如果仔细回顾这一章，想必就能明白其中的原因了。

原稿的写法随着登载媒体和风格的变化而变化。书有书的写法和结构，采访有采访的写法和结构，对话、专栏和散文也都是如此。第一步应该是了解各种风格的特点。只有在此之后，我们才要去考虑表达层面上的"写法"。

因此，在本章的总结部分中，我想再提一个重要的问题。

经常听到有人建议年轻的写作者"掌握一种你擅长的类型"。

像是计算机类、美食类、时尚类和商业类等，都是"只要熟悉就能写得好"的类型。

然而，我认为，我们不应该从"类型"的角度来考虑自己擅长的领域，而应该从"风格"的角度来考虑。换句话说，我们应该从"风格"方面考虑自身的优势，比如采访稿是你最擅长写的，或者在对话稿方面你很会营造身临其境的氛围，又或者创作图书方面你驾轻就熟……

究其原因，虽然"擅长类型"容易理解、可读性强，但也容易失去热度，转眼就无人问津。

例如，现在对车类的专业写作者的需求与昭和时代完全不同，在摩托车领域更是如此。现在人们的生活正在逐渐远离自行车和摩托车，这在昭和时代是完全无法预测的。无论你擅长什么类型，时代的变化都有可能在一瞬间让你多年来建立起的优势化为乌有。

而如果你擅长的是某种风格，如采访稿、对话稿或者书籍，那么你的持久性就会变得很强。采访恐怕永远也不会消失，对话、专栏、散文以及书籍都是如此。而且当我们转向另一种风格时，在前一种风格中建立起来的优势也将发挥作用。

与其有一个擅长的类型，不如掌握一种擅长的风格。

与其成为信息灵通者，不如成为一个优秀的取材者。

也许这是本书中为数不多的能帮你以写作谋生的建议之一。

第 7 章　创作原稿

原稿三要素

"终于讲到了！"——你可能会这样想。

在第 7 章（如果包括导言在内，实际上是第 8 章），我们终于谈到了"写作"本身。我们已经认识了合乎逻辑的文章的要点，掌握了结构的基本知识，又对不同风格的特点有了大致的了解。现在我们终于可以开始讨论"写作"的具体细节了。

原稿首先必须是正确的。如果没能传达你想要传达的东西，或者以错误的方式传达，那就犯了致命的错误，有必要重新审视文章的基础（逻辑结构）。

原稿还必须能够娱乐读者。说简单些，原稿必须有趣。不管你写的东西有多么好，如果缺少了娱乐性的要素，那么读者就不会读到最后。没有娱乐性的原稿无法为读者提供沉浸感、兴奋感以及读完之后的恍若新生之感，不过只是信息的罗列罢了。

正如我前面提到的，我认为写作者就是创造者。他不是单纯的一台录音机，也不是清除文字中的噪声的清洁工，而是不折不扣的创造者。如果当今写作者没有受到这样的重视，他们的价值不被认可，那么我希望这本书将有助于改变这种状况。

但写作者不是艺术家。他们虽然是创造者，但这并不意味着他们就要从事艺术。这是很重要的一点。

如果拿艺术家来做比较的话，我觉得写作者更像是设计师。

换言之，原稿不是一种自我表达的手段，创作始终要以用户为本。用户是客人，是读者。一把满是荆棘、无法就座的椅子可以是一件现代艺术作品，但绝不可以是一个产品设计。同样，一篇难以理解、语无伦次、冗长啰唆、自我陶醉、难以卒读的文章，可以是自我表达的一种形式，但绝不可以是写作者写的原稿。原稿不属于你，它属于读者。它不是为了让你满意而写，是为了让读者满意。

内容的吸引力因其主题、登场人物、受访者和信息的稀缺性而有很大的不同。但在这里，我将把讨论的范围聚焦于表达层面，探讨"什么样的文章能使原稿具有娱乐性并使读者满意"的问题。主要有三点需要考虑：文章的节奏、修辞和情节。

①节奏

有些文章读起来令人心情愉快，但这和它的内容没什么关系。虽然你未必同意作者的观点，但读起来就是畅通无比。为什么会有这种愉悦的感觉呢？为什么能读得那么顺畅呢？

是因为文章的节奏好。

语言、论证的流程和文字的排列仿佛翩然起舞，而且舞步流畅，没有一丝多余。文章出三种节奏组成：音乐节奏、逻辑节奏和视觉节奏。在本章中，我们将详细地研究其中的每一种，从而深入了解有节奏感的文章的核心。

②修辞

不论内容多么有趣，如果文章本身不吸引人，读者自然也不会买账。不仅不会读到最后，甚至觉得阅读文章本身就是种痛苦。把文章写得丰富而有吸引力，这完全都是为了服务读者。为了不让读者觉得无聊、吸引他、引导他更准确地理解，文章必须要有吸引力。

一篇文章本身的吸引力主要靠它的修辞和情节来保证。在以句子为单位的情况下，修辞很重要；在以文章（一连串的句子）为单位的情况下，情节很重要。

而对于其中的修辞，恐怕不需要多作解释。修辞是一种说话的艺术，其核心就是比喻。在本章中，我将以作为一种修辞技巧的比喻（尤其是直接隐喻和间接隐喻）为切入点，展开对于"喻"的全方位的思考。

③情节

解释一篇文章的情节看似简单，实则困难。

例如，"从桃子中诞生的桃太郎，在一条小狗、一只猴子和一只雉鸡的跟从下，到恶鬼岛去消灭恶鬼"——这就是人们普遍理解的桃太郎的故事情节。简单地说，就和"故事概要"差不多。

写作者写的实用性文章，虽然和童话小说一类不同，但也是有情节的。例如，"起承转合"和"起转承合"就是其中之一。上一章论述章节结构时提出的"百货大楼理论"，也可以看作是宏观上的情节设计。在本章中，我们将共同探讨一种不同于小说和电影但也颇有吸引力的情节设计。

在探讨了这三点的基础之上，本章的最后将进一步围绕文体展开讨论。坦率地说，现在不得不进入技术层面的讨论，内容的难度也会相应增加。如果只用些简单的东西来蒙混过关，便毫无意义了。接下来，即将开始本书中最难的一部分。

但我相信，如果你能认真、仔细地阅读，是一定可以理解和接受的。愿你能坚持到最后！

节奏①　为什么需要朗读和抄写

首先考虑文章的"节奏"问题，而所有节奏中最通俗易懂的就是音乐节奏。

人们对什么样的文章感到舒服，又对什么样的文章感到不适呢？

这基本上是个人感觉和敏感性的问题。另外，即便是同一个人，他的感受也会随阅读时所处的时间、空间、年龄等而改变。因此，在考虑文章的节奏时，基本上应该遵循让我们自己感到舒服的节奏来写作。强行制定规则反而可能会破坏节奏。

一说起日语的节奏，大家通常都会提起短歌和俳句中的"五七调"和"七五调⊖"。这种韵律并不局限于日本古典诗歌，在儿歌、

⊖ 七五调，就是每句由上半句的七个音节和下半句的五个音节组成，有些像我国骈四俪六的骈体文。五七调在形式上与之相反。——
译者注

交通标语、广告文案和流行歌曲中也可以找到。第 5 章中介绍的童谣《桃太郎》的日语歌词就是一个例子。自《万叶集》以来，以五拍或七拍为基础的节奏不知为何听起来令人愉快，而且又容易记忆。对于以日语为母语的人来说，这几乎是一种生理上的感觉。

然而，五七调和七五调的节奏原本就是源于诗歌（韵文）的，不可能照搬到实用性文章的写作中。而我认为，确定一篇文章的节奏的要素主要有以下两点。

①标点符号

在日本，毕业证书和奖状上是不使用标点符号的。在新年贺卡上，原则上也不应该使用。在讲谈社和集英社出版的漫画中，台词框内的句子也是没有标点符号的（不过小学馆出版的漫画中有标点符号）。

这到底是为什么呢？

因为日语中原本就不存在标点符号。虽然在训读汉义时会使用训点，或者在翻译兰学书籍时有例外地使用，但直到江户时代，用日语假名写的文章中都不曾使用过标点符号。直到明治后期，经过了言文一致运动，日本的标点符号才开始普遍使用。日本的标点符号是从西方引进逗号和句号时匆忙产生的。

可能和历史太短有关吧，日本的标点符号至今仍没有一个既定的正字法（统一的书写规则）。例如，在学术论文和理工类的文章中经常使用的不是"、"和"。"，而是"，"和"."，而且这绝不是误用。文章中混合使用"."""。"""，"""、"也是被允许的。事实上，即便在学校的教科书中，逗号"，"有时也被用作横向书写时的标点[⊖]。由此可见日语中标点符号的混乱，或者说得好听一点，叫"自由"。

基于"没有标准答案"这一点，我们首先要思考的就是如何使用逗号。一般来说，逗号可以作为语义上的中断或者节奏上的中断。下面例子中的逗号表示的就是"语义中断"。

Aわたしは、泣きながら彼がつくった料理を食べた。

Bわたしは泣きながら、彼がつくった料理を食べた。

A 句的意思是"我吃了他一边哭着一边做的菜"（什么情况姑且不论），哭了的是"他"；B 句的意思是"我一边哭着，一边吃了他做的菜"，哭了的是"我"。这种表示语义中断的逗号看上去似乎有所谓的标准答案，用法也很清楚。

与此相对，表示"节奏中断"的逗号就没那么好懂了。

句子要在哪里停顿才更好读呢? 或者说，在什么地方停顿更舒服呢? 这方面并没有明确的规则，只有靠作者的感觉。比如，在小说写作中，有的作家喜欢大量使用逗号，而有的作家却尽可能地不用逗号，并不存在所谓的标准答案（顺便说一句，我自己倾向于多用逗号）。如果说有什么需要注意的话，那就是原稿整体的统一感。比如说，如果原稿的前半部分和后半部分的逗号的节奏不同，就会令人读起来不舒服。逗号就像是乐谱中的休止符、游泳时的换气。每次写作时都把自己的文章大声地朗读出来，尝试找到一种对自己来说感觉良好的节奏吧。

⊖ 与汉语不同，日语中倾向于把"、"当作","，","相对较少使用。——译者注

②句尾和句末表达

句尾也对句子的节奏有着重要作用。一般来说，如果连续的几个句子（或距离较近的句子）重复出现同样的句尾，就会破坏节奏，给人一种拙劣感。然而，有时故意重复相同的句尾也可以创造出类似"打拍子"的节奏感。这种强大的节奏感让读者感觉更像是在听演讲，而不是在读文章。因此，在是否应该避免重复句尾的问题上，还是不能"一刀切"。

此外，还有句末表达。在此，我想特别提一下日语中句末表达之一的反问。

举例来说，就像"披头士乐队是有史以来最伟大的摇滚乐队之一，难道不是吗?"这句话一样，是一种把问题抛给读者的手法。如果你听过欧美的政治家或企业家的演讲，你就会发现，他们几乎总会先抛出一个问题，然后自己接着回答。比如，他们提出"难道真的是这样吗?"这样的问题，把球抛给听众（读者），然后又把球接住，接着继续说"我不这么认为，因为……"这是一种试图让被动的读者去主动思考的方式，哪怕只有片刻，这样就能让读者把它当作是自己的事。与此同时，这种方式还可以带来节奏上的较大变化。不过，如果用得太过频繁就会显得很啰嗦，在适当的时候使用即可。

前面讲了不少细节方面的内容，接下来才是重头戏。

音乐节奏是一种生理感受，其好坏因个人感觉而异，很难断言"这么写的话节奏感会更好"。

而且这又是很难单靠自己学习的。虽说朗读是最好的自学手段之一，但我们往往在朗读自己写的文章时会不自觉地配合着自己的感觉。有时即便精心设计了"换气点"，在合适的地方加入了中断的逗号，但最后还是选择了一种让自己舒服的节奏去读。除非是以非常客观的眼光来进行，否则朗读对纠正节奏是起不到丝毫作用的。

在此我推荐你把觉得读起来舒服的文章抄写下来。

不只是读，还要写。不是复制粘贴，而是要准确地抄写每一个字。手写是最好的，打字也可以。不论如何，一定要做到"抄写"。

有一点常常被误解，其实抄写名作并不能提高自身的写作能力，更不用说表达能力了。即使把三岛由纪夫的文章抄写几十遍，你也不太可能写出他那样精致而流畅的文章。试图通过抄写来提高表达能力的说法，基本上都是假的。

但如果你真的试着去抄写了，你可能会对标点符号的位置、句尾和句末表达感到惊讶。你会发现，你抄写的文章也有一种节奏，与自己平常写作时的节奏完全不同。你也许会惊喜于一个标点符号的位置、一个句尾的变化居然会产生这么大的不同。抄写的作用是发现一种与自己完全不同的节奏，从而重新确认自己的习惯和节奏。

而且抄写的过程也包含了朗读。

当我们抄写别人的文章时，虽然未必出声，但会在脑海中逐字朗读它。单纯地复制粘贴是不会包含朗读的过程的。

如果文体是一个人的"独特声音"，那么标点符号就是与声音联动的"换气"。通过抄写伟大作家的作品，了解他们的"换气点"，将有助于你找到自己的节奏。这个建议听起来可能没什么新意，但的确非常有效。总之，先找一篇你喜欢的文章并抄写下来吧。

节奏②　注意“两个B”

考虑标点符号怎么用，如何在句尾和句末表达上下功夫，这些基本上都是以“句子”为单位的节奏问题，相当于在“镜头”层面分析电影。

那么，在“场景”和“局面”的层面又如何呢？换句话说，作为由一连串的句子组成的文章，应该也存在着一种令人愉悦的节奏吧。这样的文章很会安排句子和句子之间的节奏，也就是常说的“会讲故事”。

文章作为句子的排列，其节奏畅快的理由只有一个。

因为它有“逻辑节奏”。文章的节奏以及整个文本的叙述方式，都是由其中的“逻辑”形成的。为了便于理解，下面举一个小学生作文的例子。

今天，我和学校的同学们一起去郊游了。我们去了动物园。动物园里有狮子和老虎，它们好威风。看到长颈鹿长长的脖子，我惊呆了。中午，我们在动物园的广场吃了盒饭。我的午餐是煎蛋、香肠和菠菜，非常好吃。吃完午餐后，我喝了很多水壶里的大麦茶。同班的泽田忘带水壶了，于是我把水壶递给了他。泽田对我说："谢谢你。"然后大口大口地喝了起来。老师也对我说："谢谢你。"我很高兴。

上面这段作文讲的东西很简单，场景也很容易想象，然而节奏却有些拖沓。这样的作文不论内容写得如何（动物园郊游），读上去就给人一种稚嫩的感觉。这是为什么呢？

这是因为这里的每个句子都是用"A 连词"连接的。

而如果要让文章有展开、有逻辑节奏，那就需要用"B 连词"。

对此我稍作解释，毕竟这两个都是我独创的词。

"A 连词"是指以"And"为代表的表示并列和顺接的连词。

与此相对，你可以把"B 连词"看作是"但是（But）"和"因为（Because）"，可以表示语义转折和原因说明。

只要当文章中出现了"两个 B"中的一个，就切换到了另一个场景。"但是（But）"打破了原有的流程，使讨论向新的方向转变；"因为（Because）"则使讨论进入到对前文的深入挖掘。

且不论表达技巧的好坏，前面列举的小学生作文之所以让人觉得如此稚嫩，正是因为整篇作文都是按时间顺序讲述"快乐的动物园"的单一场景。

可以试着在"快乐的动物园"的场景中，加入"但是"来发展故事。比如，后续可以向"但是狮子被关了起来，看上去好可怜"展开，然后再用"因为"来展开后续——"因为我觉得狮子肯定也想要追逐嬉戏，就像我们喜欢在操场上玩耍一样"。仅仅用了两个连词就改变了场景，使文章形成了自己的节奏。

合乎逻辑的文章的基础是主观和客观的结合。

一篇全是由"A 连词"连接的文章，不过只是"主观（我的感觉）"的陈述。当加入了"但是"时，作者就切换到了另一个视角，离客观接近了一些。当加入了"因为"时，作者就进入了检验证明的场景，需要更进一步的客观性。根据文章的走向，有时可能还要举出实例或者拿出证据等。

"连词"本身就是一个颇为深奥的主题，甚至可以专门写一本书来探讨。

话虽如此，我们就从注意"两个 B"开始吧。试着学会用"两个 B"来表达你想说的内容。想一想，"但是"之后的场景是什么？"因为"之后的场景又是什么？你会发现，按照这样写出来的文章肯定是讲逻辑的，且读起来节奏顺畅。

节奏③　让文章看上去好读

接下来让我们考虑一下文章的"视觉节奏"。

当我们谈及那些读起来很畅快（容易读）的文章时，常常会忽略一个事实。

在进行"阅读"之前，首先进行的是"观看"。

在阅读文章时，其实我们是先把文章看作是句子的连续，然后再进行阅读。文章在"被阅读"之前，首先是"被观看"的。

这就是为什么版面设计如此重要，特别是对于杂志和报纸来说。

请回想一下报纸的版面。标题的大小、新闻的文字量、照片的选择等都经过精心安排，好让看报纸的读者对当天的要闻一目了然。大致掌握了整个版面的情况后，读者就可以迅速挑选自己感兴趣的文章进一步阅读。即便没有感兴趣的文章，读者也会拿起报纸，把标题给扫一遍，对最近的新闻有个大致的了解。杂志也是如此，读者快速地翻着页面，根据标题、照片和插图等要素来锁定感兴趣的文章。而且就算有的页面在阅读时被跳过了，读者仍会有个模糊的印象。在编辑设计的领域里，这被叫作"视觉识别"。

而一本几百页的书又是何种情况呢？

与杂志和报纸不同，书籍一般不会以"挑着读"为假定前提，它认为读者会通读整本书。因此，书籍一般不会追求让读者产生瞬间认识的"视觉识别"，甚至还会尽力避免过度的设计。如果每一页都有不同的设计，会让读者感到疲倦和厌烦，别说有助于理解了，反而干扰了读者的阅读体验。

网络媒体也是一样的情况。

20 世纪 90 年代末，日本的网络媒体诞生了。随着 HTML、CSS 和其他编程语言的进步和发展，媒体创作者们开始不断尝试打造一份彻底的网络杂志。他们试图将纸质杂志中自由而个性的设计与视频、音频内容相结合，实现"杂志 2.0"。

但"杂志 2.0"的梦想终究没有成真。

也许是浏览器和智能手机应用的特性（主要是屏幕大小）所致，技术上能做到的东西越多、设计越精细，画面就显得越烦琐，阅读难度就越大。在智能设备上尤其如此，许多文本类的网络媒体现在都倾向于选择更为精简的设计。

可以说，书籍和网络媒体在设计上比起"视觉识别"（容易发现），更加重视"可读性"（容易阅读）。你可以大致认为，杂志和报纸把重心放在"视觉识别"上，而书籍和网络媒体则把重心放在"可读性"上。

我们应该在认识了上述几点之后，再去考虑文章的"视觉节奏"。

文章是"文字的连续"。就杂志和报纸而言，考虑怎么让文章看起来容易阅读是设计师和编辑的工作。写作者只要写好一定的字数即可，其余的交给别人来设计。

但书籍和网络媒体却不是这样。写作者必须自己去积极追求文章的可读性（视觉上的）。这种情况在网络媒体中尤为突出，写作者往往只在一个给定的框内输入文本。

在这种情况下，为确保文章的视觉节奏，有以下两点需要注意。

①标点符号的输入

②换行的时机

先来说一说标点符号的输入。

如前所述，标点符号可以用来表示"语义中断"或"节奏中断"。但标点符号（尤其是逗号）还有另一个功能。

请回想一下英语。"我爱你。"用英语书写的话就是"I love you."，单词和单词之间不是连起来的，而是插入了一个"物理上的空格"。这种书写方式叫作"分词书写"。如果英语和其他欧洲语言没了这个规则，恐怕会产生极大的混乱。比如，斯皮尔伯格的自我介绍将写成"Mynameisstevenspielberg."。

而日语句子则没有分词书写的习惯。虽然日语句子在书写时可以交错使用汉字和假名，有所弥补，但如果一篇文章超过了 200 字（不带标点符号），还是会让读者感到相当压抑。因此，相较于英语，日语句子中使用标点符号的频率更高。在发挥"语义中断"和"节奏中断"的功能之前，日语中的标点符号首先是作为"分词书写的替代"而存在。

此外，在强调句子中的某个重点词汇时，我会给它加上一个双引号，以避免它被埋没。倘若日语存在分词书写的习惯的话，恐怕也就没有加双引号的必要了吧。

通过逗号和双引号的使用，日语句子中仿佛也有了分词书写中的空格。这些逗号和双引号所形成的空间划分使句子的含义更加清晰，在视觉上也不那么压抑。虽然过多地使用逗号反而会破坏节奏，给人稚嫩的印象，但我们有时也应该从"物理上的空格"的角度来考虑它。

换行也是一样的道理。

英语中有一个简单的写作规则：一个段落只讲一件事，当要转到新的话题时，就应该换行并进入下一个段落。这就是第 5 章中提到的"段落写作"。

然而，论文之类暂且不说，如果把这种想法照搬到一般的日语文章中就危险了。日语文章为照顾"可读性"而换行，采用的是"形式段落"。在英语中，为了讲一件事可以写上 10 行甚至 20 行都不换行，直到写完为止；而在日语中，把一件事分成几个段落来写是很正常的（这种分段叫作"意义段落"）。在本书中，应该没有任何一个段落会超过十行。这正是出于让读者看上去觉得好读的考虑。从视觉节奏的角度来看，我们需要利用好换行。

如果你能掌控好文章的音乐节奏、逻辑节奏和视觉节奏，相信你的文章的可读性将大大提升，会让读者读起来心情舒畅。在被华丽的修辞吸引之前，先把节奏的基础打好。一场好的吉他独奏只有在节奏部分（鼓和贝斯）的支撑下才能实现。

修辞① 给想象力添上辅助线

接下来要考虑的是修辞问题。

正如之前多次说过的，文章是一种非常不方便的表达工具。

虽然文章可以向我们传递语言，但我们听不到说这些话的人的声音，看不到他们的外貌、表情和动作等。有的电视综艺节目中会做一种游戏：只允许嘉宾把手伸进不透明的盒子里触摸，然后就要猜猜里面放的是什么（比如可能是只蜥蜴）。就获取的信息量之少而言，文章和这种游戏有着相近之处。我们只有依靠书面语言去理解一切。

因此，阅读文章是需要想象力的。任何文本内容，无论是小说、诗歌、对话还是采访，如果没有读者的想象力，就无法成立。

而修辞就像是为这份想象力添上辅助线。

如果说儿童依靠绘本中的图画来激发想象力，那么在文本内容中，比喻就是想象力的辅助线。修辞的根本目的不是为了炫耀写作者的技巧，而是为了帮助读者理解。那些写作者自我陶醉式的修辞只是一种干扰罢了。在此，我们先来看一下修辞的核心——"比喻"的实际使用情况。

比喻主要可以分为"直喻"和"隐喻"。

所谓直喻，就是像"鬣狗般的眼睛""雪一样白的皮肤"之类的修辞。其特点是使用诸如"像""般的""一样的"等词把对象组合（比较）到一起。还有像"光阴似箭，岁月如梭"之类带有"似"或者"如"的词语，也是直喻的一种。

而隐喻则不会使用"像……一样"之类的说法。

简单来讲，直喻会说"他有狮子般的勇敢"，而隐喻则会说"他有狮子的勇敢"。还有像"知识的大门""她是我的太阳""世间的巨浪""时间就是金钱"和"冰壶是冰上的国际象棋"等表达方式都属于隐喻。

人们普遍认为，简单的隐喻比起要用"像……一样"来连接词语的直喻，给人的印象更为深刻。打个比方，"天使的温柔"就比

"天使一样的温柔"来得更有力。

现在请思考下面几个问题。

说到底，"天使的温柔"算是一个有趣的比喻吗？

只要用了隐喻，句子就更有吸引力了吗？

说实话，这个隐喻一点也不有趣。比喻的有趣之处在于其"对象的组合"，而隐喻和直喻在形式层面的讨论都是次要的。只要这种对象的组合是有趣的，不管它是直喻还是隐喻，都无所谓。因此，在考虑比喻的时候，有以下几点需要注意。

①具体且有画面感

既然说比喻是"想象力的辅助线"，那它就应该尽可能地具体。比如，"老狗一般的眼神"比"狗一般的眼神"更传神，而"老牧羊犬一般的眼神"则更胜一筹（如果本体和牧羊犬形象接近的话）。又比如，"珍珠般洁白的皮肤"要比"雪一样洁白的皮肤"更生动，读者能更好地想象出皮肤的触感和光泽。就和在文章中插入图片一样，其目的都是唤起某种具体的形象。

②普遍且有一般性

虽说喻体应该要具体，但不可以太过特定。也就是说，"老牧羊犬一般的眼神"是个合格的比喻，但"年迈的布鲁塞尔格里枫犬一般的眼神"就不太行。大多数读者可能都不知道"布鲁塞尔格里枫"是个犬种的名字。"具体"和"特定"是两码事。

这里有很重要的一点：比喻作为"想象力的辅助线"，需要作者有一定的关怀意识。特别是当涉及解释新概念或还没什么人知道的事情时，作者的比喻一定要体现关怀意识。例如，在企业管理咨询还不是一个普遍的职业时，大前研一将其称为"企业参谋"；在网络媒体还不普遍的时候，糸井重里就在他的网络媒体上加了"新闻"二字。参谋和新闻都是现有的概念，通过拿它们做比喻可以降低读者的心理障碍，从而拓展认知。这也是一种修辞。

③彼此距离远

当我们试图选一些具有普遍性和一般性的词汇时，往往会产生像"天使的温柔"这样平庸的比喻。而造成这个比喻无趣的原因，既不是"天使"，也不是"温柔"，而在于它们之间的距离太近了。

但如果是"天使的狡猾"，那就是个有趣的比喻；又或者像"恶魔的温柔"这样的组合也很有意思。"天使"和"温柔"的组合实在过于简单、接近。

因此可以说，一个比喻的有趣程度取决于组合对象之间的距离。

例如，在一篇影评中，把一个肥胖的反派称为"胖得像电饭煲一样的男人"会比把他称为"胖得像猪一样的男人"，在结构上更有趣。猪的比喻过于俗套，而且人和猪都是和哺乳动物，体型上也比较接近。把两个接近的事物放在一起的比喻虽然可以接受理解，但缺少了意外性。这里说的距离远近，指的就是"意外性"的多少。

把相距甚远的事物放到一起，提出两者之间令人意想不到的相似性，然后再去说服读者，让他们发自内心地认为："原来如此，说起来好像真的是这样。"如果你能做到这一点，相信这个比喻肯定有趣极了。

修辞② 比喻是怎么创造出来的

人们一般认为，好的比喻是诗人和小说家的专利，是诗歌才能或文学才能的体现。古希腊伟大的哲学家亚里士多德曾在这方面有过如下论述：

最重要的是拥有创造比喻的天赋。这是唯一无法从别人那里学到的东西，是与生俱来的能力的表现。

—— 《诗学》（亚里士多德著，松本仁助、
冈道男译，岩波书店出版）

根据亚里士多德的观点，比喻需要有"天赋"和"与生俱来的能力"，而且这些能力是"无法从别人那里学到的"。这真是个让人心灰意冷的观点。一个没有诗歌或文学天赋的人（像我这样的人当然没有）难道就创造不出一个有魅力的比喻吗？我们普通人难道就只好放弃修辞，乖乖地举起白旗吗？

不过，亚里士多德还是给我们留下了类似于提示的话语。接着上一段话，他继续说道：

"创造一个优秀的比喻，就是要看穿事物的类似性。"

接下来就让我们以"看穿类似性"为线索，思考如何创造比喻。

①把相近的比喻拉远

想一个比喻，其实就是把眼前的 A 比作另一处的 B。

这本身并不是一件难事。有些比喻很常见也很好想，像是"鸟

龟般的步伐""闪电般的速度""能乐面具一样的表情""动若脱兔"等。这种水平的比喻你肯定还能想到很多。

但问题还是在于距离。"乌龟"和"步伐缓慢"实在是太接近了。本体和喻体必须距离更"遥远"，才会显得有趣。但我们大多数人并没有亚里士多德所说的"天赋"，没办法一下子就想出精彩的比喻。

既然如此，我们可以先从"邻近的事物"开始，把乌龟或者面具作为起点，一点一点地把比喻推向更远的地方。换句话说，与其放弃"能乐面具一样的表情"另起炉灶，不如就在"能乐面具"的周围寻找"和面具相似的事物"。

例如，我们可以联想到和能乐面具表情相似的"佛像"，然后进一步将其具体化为"奈良大佛"或者"镰仓大佛"。从巨型雕像的联系中，我们又可以联想到"复活节岛石像"。复活节岛石像是被常年风化的雕像，又可以联想到"长满青苔的石像"。顺着这条线索，可以延伸到"长满青苔的墓碑"。最后，我们可以撇开青苔，把"墓碑一样的表情"用作比喻。经历了这么一套流程，最终得出了一个新颖而有趣的比喻。

看着没有表情的人，要一下子联想到墓碑是很困难的。但如果你从自己熟悉的事物出发，把喻体往外滚动个五次、六次、十次，最终总会得出距离遥远的比喻。走得更远，才更有趣、更准确。带着这种执着的精神，不断地让自己"再多想一个比喻"吧。

②给细微的情感记忆贴上标签

我认为，比喻大致可以分为三个领域。

首先是视觉比喻。像"能乐面具一样的表情"和"倾盆大雨"

之类就属于典型的视觉比喻。比起只有"面无表情"四个字，"能乐面具一样的表情"更能勾勒出画面；比起只有"大雨"两个字，加上了"倾盆"就更有画面感。这类比喻通过唤起某种形象可以帮助读者理解。

其次是概念比喻。这类隐喻不是为了唤起具体的形象，如"浪人般的粗野""菩萨般的心肠"等。这类比喻重在引出某种概念，像是"浪人"和"菩萨"所代表的品格。其他还有诸如"计算机一样的大脑""冰块一样的性格""推土机一样的力量""向日葵一样的笑脸"之类不需要具体形象的概念比喻。

最后是感觉比喻。比如"感觉像是吞下了一条活着的蚯蚓"，这里的"吞下蚯蚓"既非具体形象，也非抽象概念，而是为了突出一种令人发毛的、不愉快的感觉。在这个意义上，蚯蚓也可以用"蛾子的幼虫"来替换。具体哪种形象并不重要，只要能勾起读者那种起鸡皮疙瘩的感觉就可以了。

在这三类比喻之中，视觉比喻是最容易由近及远的。借用亚里士多德的话，我们很容易看穿这些事物的类似性，因为只要去找外观上相似的事物就行了。

而概念比喻的丰富程度基本上和个人的知识量是成正比的。你掌握的知识越广泛，比喻就越多样。比如"像协和式飞机一样"，既可以用作视觉比喻，用来表达机身的精致；也可以用作概念比喻，用来强调独一无二的速度；还可以作为心理学术语，即"协和式飞机效应"，用来比喻因纠缠于沉没成本，过分执着于初期概念而导致失败。怎么使用，还得看作者个人的知识水平。

最难的是感觉比喻。这类比喻与知识丰富程度的关系不大，也很难由近及远。要想找出一个遥远而精准的感觉比喻，必须一步到位。这也许就是最需要诗歌或文学天赋的领域吧。

那么，我们该如何磨炼自己创作感觉比喻的能力呢？

——坚持每天把那些细微的情感记忆储存下来，仅此而已。

比如，我当然从没有吞过活的蚯蚓，但我在上小学的时候很喜欢钓鱼，所以非常清楚地记得把鱼钩刺进正在蠕动着试图逃跑的蚯蚓的头部时，那种恶心的感觉。我现在都还记得蚯蚓身上那股独特的气味，就像是腐烂的木屑一样。我还记得日本曾经流传过一个关于"蚯蚓肉汉堡包"的都市传说。在我的脑海里，这些相关的记忆都被贴上了"生理性厌恶"的标签。"咀嚼"和"吞咽"的动作不过只是在额外进行强调。有才的人应该能想出比这个更有趣的比喻吧。为感觉比喻提供支撑的，正是源自我们自身的生动记忆。

随着互联网和智能设备的普及，记忆力的价值已经大大降低。要想知道大化改新是哪一年，圆的面积的计算公式是什么，只要搜索一下就知道了。

但"情感的记忆"就另当别论了。这是你无法从书本上学到的，也是无法从网上搜到的。这是对你作为一个"人"，是否每天都在认真生活的考验。从现在起，带着取材者的意识，坚持观察并记录"作为生活者的我"的细微情感吧。

修辞③　看穿类似性的能力日益重要

说到这里，你心中应该有了一个疑问。

诗歌和小说暂且不论，写作者写的原稿之中有机会用到直喻和隐喻吗？半吊子水平的修辞就如同噪声一般，岂不是反而损害了原稿？

这种观点总体上是正确的。

即使是小说，修辞的堆砌也是令人生厌的。特别是在原稿中，过度的修辞可以反映出写作者陶醉于自己的技巧。此外，比喻和讲段子也有些相似之处：一旦踩雷，就会造成灾难性的后果。

那么，不同于直喻和隐喻的"类比"又如何呢？

用蚂蚁群居的生态来解释人类社会，用绘画时要打草稿来解释基础知识的重要性，用接球游戏类比人与人的对话，用网球对打类比辩论赛……所有这些都是比直喻和隐喻更大单位的"类比"。为了使解释更加通俗、有趣且令人信服，"类比"必不可少。"看穿类似性"的能力是修辞的核心，也是所有写作者必备的。

"类比"在过去可比现在容易得多。

假设你是一个相扑迷，你打算用相扑等级来类比说明某个人的实力，于是写道："他已经具备了关胁级别的实力。"在昭和时代的话，这应该是个可以接受的类比。但今天又有多少读者会理解"关胁"的价值呢？如果你把"小结""十两""关胁""前头"这四个等级随机排列，能有多少读者知道哪个等级最高呢？不仅是相扑，在其他领域也是如此。

与昭和时代不同，今天的日本没有什么受到全民追捧的明星或偶像。棒球和相扑已经不再是人人都看的运动，足球和篮球也没有取代它们的地位。电视剧、流行漫画、热门歌曲、贺岁电影等都只在特定的地方流行。我们无法再像以前那样，用棒球来类比工作，或者把某人类比为某部人尽皆知的电影中的角色。如果今天有一本频频用棒球进行类比的商业书籍（在 20 世纪 90 年代之前有很多这样的书），恐怕年轻的读者看了要么忍不住笑，要么感到不知所云。

正因如此，我想说：今后的写作者必须多锻炼自己的修辞思维，即"看穿类似性的能力"，想出能让更多人理解的"类比"。

接下来就让我们来探讨该如何锻炼这种能力。

修辞④　写作的"力量训练"

有一个词叫"写作能力"。就个人而言，我不太喜欢这种说法。

像想象力、理解能力和计算能力之类的说法就没什么问题，顾名思义，很好理解。然而，日语能力、英语能力之类的说法又如何呢？所谓的日语能力，是指阅读能力，还是写作能力，又或者是综合能力？英语能力又是指的什么？

日语中有一种在某个单词后面加上"力"字组成新词的特殊习惯（因此在日本量产了不少冠以"某某力"标题的商业书籍）。"写作能力⊖"也是如此。在我看来，这个词听起来太过模糊，不知道到底指什么。

但即便如此，我在此还是想用"写作能力"这个词。

假设"写作能力"是指"写出有趣文章的能力"，我想着重关注它的"力"的部分。

在此，我想要探讨如何锻炼写作的"肌肉"，就像锻炼我们身上的肌肉一样。有过体育运动经验的人应该能明白我的意思。虽然球类运动要讲究技巧和意识，但锻炼肌肉却必不可少。锻炼肌肉只遵循一个原则：训练得越多，收获就越大。而在写作方面（包括修

⊖ 日语原文为"文章力"，在此译作"写作能力"。——译者注

辞），也有几种方法可以训练我们自己的"肌肉"，比如给自己的写作立规矩、设限制。以下是我采取的一些训练方法。

①禁止使用惯用语

根据词典的定义，惯用语是指由两个或两个以上的词组合到一起的表达特定含义的委婉说法，且该特定意义偏离了各组成部分的原始含义。如"磨洋工""炒鱿鱼""背黑锅"等。

与此相对，我在此谈论的惯用语是指那些被无数人用过的表达，也就是常说的"用滥了"。这些惯用语如此之多，就连词典也收录不尽。

就比如"动若脱兔"这个表达，即便是相当有名的大作家有时也会用这种说法。但作者和读者真的见过"脱兔"是什么样的吗？比起"动若脱兔"，"像只逃窜的流浪猫"难道不是一种关于"敏捷性"的更好且更有现实经验的比喻吗？

由于这样的惯用语太过实用，有时甚至使用它们的人都不知道它们的含义，只是"凭着感觉"就用了。作为一名写作者，绝对不要使用自己不知道意思（无法准确解释）的词语。

同样地，我也会尽量避免使用自己不熟悉的新词和流行语。我说的不是所谓的"年轻人用语"（我也没什么使用年轻人用语的机会），主要是指与商业有关的新词和流行语，比如用"分辨率高"来表达理解程度深或者观察敏锐就不太合适。

如果在解释某个对象时非要用那样的流行语不可，比如新概念和新技术之类，那么该用的词我还是会用。但如果同样可以用一个二三十年之前就有的词来解释的话，那我会倾向于使用旧词。为什么呢？

　　因为新词和流行语的保质期并不稳定，甚至可能转瞬即逝。而且我也不确定自己在多大程度上真正理解了这些词的含义。有时我们之所以选择用它们，可能只是因为看上去很酷而已。

　　如果你真的了解某一对象，那么你应该是能够用二三十年以前的词来探讨其本质的。而只有选择用这类词进行讨论的文章才具备普遍性，让二三十年之后的读者也能读懂。

②禁止使用拟声词

　　在阅读外国小说时，我们常会看到十分有趣的比喻。无论是国家领导人的演讲，还是演员和音乐家的采访，我们总能发现在日本不常看到的比喻。

　　例如，在某音乐杂志网站上曾经有一个采访，其中保罗·韦勒（英国音乐家）谈到了他对约翰·列侬的崇拜之情。他认为约翰·列侬的嗓音十分美妙，并在谈到他的呼喊声时补充说："仿佛他在录音前用剃刀片漱了口一样。"——这样的比喻很难出自日本人之口。

　　究竟为什么这样的修辞仿佛和日本人无缘呢？

　　我目前的答案是因为拟声词。换句话说，我认为是因为日语中存在的大量拟声拟态词缩小了对比喻的需求。

　　当谈论某件事时，英语母语者会使用精准的（而且有趣的）比喻来描述当场的情况和微妙之处。他们把比喻当作是用来描述感觉的工具。

　　而日语母语者则习惯用丰富的拟声词来描述感觉。比如，用

"淅拖淅拖"（罗马音标注：shitoshito）来形容安静的小雨⊖，用"呲噜呲噜"（罗马音标注：tsurutsuru）来形容光滑的表面，用"叽啰叽啰"（罗马音标注：jirojiro）来形容目不转睛地注视……

当然，丰富而细致的拟声词是日语的专属宝库，我完全没有要否定它们的意思。事实上，我很乐意积极地使用它们。如果做得到的话，我甚至还想发明出新的拟声词（比如著名漫画家手冢治虫就发明了很多日语拟声词）。

然而，当涉及训练写作能力时，最好还是避免轻易使用拟声拟态词。例如，当你要写"他盯着我"时，试着思考是否可以用另一个词来代替拟声拟态词（如上段提到的"叽啰叽啰"），而且最好是一个比喻。是不是有另一种表达方式可以回避"叽啰叽啰"所带来的不适感、粗鲁和敌意呢？"没规矩"是否可以用"像穿着鞋在房间内跑来跑去一样"来替代？"缠着不放"是否可以用"像夏天的白蚁一样"或者"像草原上的捕食者一样"来替代？在日常生活中保持这种意识，形成你专属的表达吧。

③禁止使用主题中的词语

假设有一部以"希望"为主题的小说，那么小说中应当尽力回避出现"希望"两个字，更不能让小说的主人公说出"希望就是……"之类的台词。不用"希望"一词而谈论希望——这就是小说，这就是文学。

当写的稿子达到一定长度时，我会尽量避免提到贯穿全文的主

⊖ 类似汉语中用"淅淅沥沥"来形容小雨。——译者注

题。我会努力地"把主题隐藏起来",就像谈论希望却不使用"希望"这个词,谈论成熟却不使用"成熟"这个词一样。这样做,有可能无法向读者传达我心中真正的主题,读者也不一定读得懂其中的深意。

然而,正是因为没有明说,读者才有可能读到"只属于自己的主题"。为了锻炼自己的表达能力,也为了避免限制阐释的可能性,最好不要用点明主题的词语。

情节① 什么是"论文式情节"

现在让我们来考虑一下"情节"。

小说都有一个情节,简单明了。有吸引人的角色,有围绕着他们的故事,读者才会在乎后续。"到底后面怎么了?"——带着这样的心情,读者一页接着一页地读下去。

那么,写作者写的原稿又是什么样的呢?

就拿本书的同类读物来说吧,这类书也有所谓的"情节"吗?

当听到"情节"这个词的时候,很多日本人都会自然而然地想到"物语"。物语也就是故事,既然是故事,那么情节就应该是小说类虚构作品的专属。这算是个很自然的理解吧。

但写作者的原稿也是有情节的。比如,本书就有一个贯穿始终的情节,虽然与小说类虚构作品中的情节不同。与"小说式情节"相对,我一直把本书的情节放在"论文式情节"的框架下去考虑。让我先简单地解释一下两者的区别。

想象一下一个魔术师站在舞台上的情景。

一个身穿无尾小礼服的魔术师从胸前的口袋里掏出一块白色手帕，然后甩了甩手帕，以示没有什么机关或道具。然后魔术师把手帕推到他轻轻握紧的拳头里，脸上一副好像正在输送念力的表情。

突然，魔术师把手掌打开，原来的手帕竟变成了一只白鸽飞出来。在观众还在鼓掌的时候，鸽子像是会分裂似的，居然又飞出来了一只白鸽。于是掌声升级成欢呼声。魔术师满意地鞠了一躬，将鸽子递给从后台走来的助手。

这就是典型的"小说式情节"。一般来说，行动是沿着时间轴进行的。观众（读者）不知道即将发生什么，只能一步一步地接受展示出来的信息。因此，观众不禁期待："接下来会发生什么？那块手帕会怎么样？"然后看到飞出来的鸽子时大吃一惊。高潮总在最后一幕到来，剧透只会破坏体验。

而"论文式情节"则完全不同。

在"论文式情节"中，鸽子在魔术的一开始就出现了。当然，观众（读者）对此还是会感到有些惊讶，但对"即将发生的事"的兴奋感已经消失。然而，论文式情节中的魔术师会这样向观众提问：

"你认为，这只鸽子接下来会从哪里飞出来？怎么飞？"

"小说式情节"中对于"即将发生什么"的期待在"论文式情节"下转变成了对于"即将懂得什么"的期待。前者是对行动（action）的期待，后者则是对信息（information）的期待。

接着，"论文式情节"中的魔术师可以由此讲起魔术的历史，或者聊起是谁发明了关于鸽子的魔术，又或者可以讲述为什么变魔术要用到手帕……当然，你必须在最后解释清楚让鸽子飞出来的机关。"论文式情节"的高潮就在于"知道诀窍"，让读者直呼："原来如此!"而达到这一高潮前的所有内容，包括魔术的历史，都是在"揭秘"的故事线上进行的。

那么，"小说式情节"与"论文式情节"之间的区分到底是什么呢?

是时间轴。这是最重要的一点，也是决定性的一点。

在"论文式情节"中，时间轴是被分解开的，因为理解某个道理或机制并不需要按照时间轴一步一步走，讲述行动才需要。我们可以选择任何顺序去谈论现在、过去和未来。可以说，这种彻底的"被分解的时间轴"是"论文式情节"中最重要的一点。

小学生作文之所以倾向于按时间顺序写作，那是因为用"A 连词"去按时间先后连接事物并进行叙述的做法是比较轻松简单的。如果你按照事件发生的先后顺序讲述从你出发到回家的过程，那么就有了一个"出远门"的故事情节。只要有了情节，读者就大致知道发生了什么。

然而，我们决不能把时间轴带进"论文式情节"中。在拆解了时间轴的基础上，我们要将读者的注意力引向"接下来会往什么方向展开讨论?"，而不是"接下来这个人的身上会发生什么?"。当然了，最后要让读者豁然开朗，信服地说出："原来是这么回事!"

我们究竟如何才能创作出有吸引力的"论文式情节"? 应该以何种顺序去讲述某个局面? 揭秘是"论文式情节"的一切吗? 接下来让我们共同思考。

情节② 按照逻辑顺序，而不是时间顺序

在"小说式情节"中，故事总是按照时间顺序进行的。

比如，桃太郎从巨桃中诞生，然后迅速长大，并且带领他的家臣们一同踏上了消灭恶鬼的旅程。他们与岛上的恶鬼大战，最终成功地带回了财宝。其他虚构类作品也基本如此。虽然有些故事中会穿插回忆，或者重新编排时间轴进行叙述，但基本上还是按照从过去到未来的顺序发展的。

而"论文式情节"中就不存在所谓的时间。这类文章不是按照时间顺序，而是按照逻辑顺序展开论述的。因此，只要论证的流程（逻辑展开）没有自相矛盾，怎么跨越时间和空间都没有问题。当我们谈论"今天的日本"时，无论是从100年后的世界出发，还是从镰仓时代的京都出发，又或者是从美国、中国的事例出发，这都没有关系。只要展开的逻辑正确，情节便水到渠成。

由此看来，"小说式情节"和"论文式情节"可以说是完全不同的两个概念。简单地把它们都归结为"情节"似乎有些牵强。

现在让我们回到出发点来考虑这个问题。

说到底，情节是什么？它的核心是什么？为什么我们会被情节所吸引？"小说式情节"中的"时间"和"论文式情节"中的"逻辑"是否有共通之处？

谈谈我个人的结论吧。

所谓情节，就是不允许停止的事物。

在"小说式情节"中，不允许停止的是时间的流动。

　　例如，在一本小说中，如果连续好几页都是近乎静止画面的场景描写，那么小说的行动就会停止，情节也会跟着中断。而当情节开始发展时，总会伴有一些行动，从而打破停止的时间。当然，这种情况下有必要对人物和所处环境进行解释。但如果把时间总停留在那几页，整个故事就不动了。情节静止不动的小说，就像是一摊被堵住源头的死水，没有生命力，进而会"杀死"小说中的角色。所有优秀的作家都是在行动（也就是流动的时间）中描写人物和背景的。漫画和电影也都是如此。

　　而在"论文式情节"中，不允许停止的是逻辑的展开。我们不能因为过于侧重"解释"或"描述"而停止论证的进程。只有不断地展开论点、事件以及读者的思考，从一个场景转到下一个场景，文章才有自己的情节。论述就像是一辆拖拉机：如果总是在解释和描述，那么拖拉机将无法发动，情节也无法推进。我们必须打开引擎，让情节继续发展。正是这种不断前进的论证令读者乐在其中，忍不住一页接一页地向下翻。我们要时刻确保这台名为论证的拖拉机不会抛锚。而当逻辑的展开停了下来，论证不再继续时，那就意味着到达了"结论"。此时必须停笔，不可画蛇添足。

　　在第 4 章中讨论了"合乎逻辑的文章"该怎么写，想必读者也已经很熟悉了。在此我想要提出的问题是：要怎样展开论述，才能让故事线更具吸引力？

　　如果说有什么要遵循的原则，我认为是"距离"。

情节③　"距离"比起伏更重要

　　很多人在谈及设计故事线时都会用到"起伏"一词。意思就是要让整个故事像坐过山车一样，充满了高高低低的变化。一会儿在这里有一个高点，一会儿在那里又有一个低点，然后突然又向上猛冲至高潮。很多人在说明这一点时都会画一幅情感曲线图。

诚然，在小说和电影的世界里，设计出情感曲线的起伏是可以做到的。主人公坠入爱河，情感曲线就会上升；如果失恋，情感曲线就会下降；与反派对峙时，情感曲线达到最高。然而，情感曲线的起伏大多与故事中角色的情感以及他们所处的情况同步，因此在一篇没有角色存在的"论文式情节"中谈论情感曲线其实没什么意义。

"论文式情节"的关键不在于"起伏"，而在于通往终点的"距离"。

导言和结论之间的距离有多远？

文章是从多远的地方开始论述的？作者如何不出意外且巧妙地到达"终点"？正是这种展开的微妙之处，体现了"论文式情节"的精髓。作者没有必要想方设法地制造起伏，只需考虑"从导言到结论的距离"即可。

起点应尽可能地远离终点。与正文看似无关的地方，才是作者开始讲述的起点。

需要遵循的原则只有一条，那就是"从导言到结论的距离"。我为何如此确信？以下是我的三个理由。

①创造"意想不到"的效果

从一个距离遥远的事例开始讲述，然后通过不断地转换场景（论述的展开）来逐步靠近正题，并且衔接的手法十分巧妙。

在读者看来，这就像是一份惊喜："没想到居然和这个有关系!"在某种意义上,这就跟小说和电影中的伏笔回收是一样的。即使你不同意作者的观点,但论述展开的过程本身也给了你一种拨开云雾的感觉,正是所谓的"乐在其中"。

可以这么说,"从导言到结论的距离"几乎是衡量意外程度的唯一标准。就整体结构而言,假如你的正题是讨论拉面,那么从宇航员的故事谈起要比从咖喱饭谈起更有趣。

②增加可以描绘的风景

假设你正在写一篇关于提高工作效率的原稿。

于是你在导言中描绘了每天加班的辛苦,然后引出"如何才能提高工作效率"的问题,进而切入正题:"提高工作效率需要……"然而,这样的情节并不有趣,因为导言和结论之间的距离太近了,论述一直在工作的框架内展开。

所以我们应该从一个更远的地方开始导入。比如,可以从一个关于带孩子的故事开始,或者从童话故事中的某个情节开始,又或者从吉卜力电影中的某个场景开始……这不仅是为了制造意料之外的效果,也是为了让你在通往结论的路上多一些可以描绘的风景。

举例来说,我们可以这样导入:①从吉卜力电影中的某个场景开始→②提及日本动画工作者所处的(略显沉重、阴暗的)工作环境→③与国外动画工作室,如迪士尼和皮克斯的动画制作过程进行比较→④把注意力转回日本,转换方向并指出:"这样的工作环境差异并不局限于动画行业……"→⑤缺乏标准化的工作流程、长期的长时间劳动、单一的评价系统是全日本的公司都存在的问题→⑥提出问题，根本原因究竟在哪里→⑦进入正题，谈论"提高工作效率"。

虽然这种写法有一定难度，但可以让读者看到完全不一样的风景，有更多的收获。"论述的不断展开"不是来回摆弄几个抽象的概念，只有让一个个具体的场景流动起来，让读者心中看到的"图画"流动起来，才能让整个情节也流动起来，充满生命力。

③通往终点的路径没有标准答案

当终点（原稿的最终目标）已经确定时，大多数写作者会考虑通往终点最有趣的一条路线，思考走哪条路才能使旅程充满魅力。

但这其实和构思"跌宕起伏的情节"基本是一样的。到达目的地的路径没有对错之分，也没有客观的标准来判断哪条路线有趣或无聊。退而求其次，唯一可以遵循的原则就是"距离"。"都走了这么远了，肯定会是场有意思的旅程吧"——在某种程度上来说，这也是种"靠猜"的策略。旅行的路越长，看到的风景就越多，能讲的故事也就越多。不断展开的论述肯定能让读者享受这场旅程。既然"什么有趣"的问题是由每个人主观决定的，那么我们剩下来能够遵循的原则便唯有"从导言到结论的距离"。

可能有的读者已经注意到了。

这几乎说的就是"起承转合"的结构。贯穿"起承转合"始终的最重要的一条原则就是：尽可能从遥远的地方写起。正是因为你的起点远，读者才会对后面的"转"感到惊讶，对意料之外的"合"感到满意。

在第 4 章中我曾写道，"起承转合"的结构需要写作者具备相当的写作技巧。作为它的替代方案，我介绍了自己的写作风格，也就是"起转承合"。如果你想准确无误地传达你的观点，那么按照"起转承合"或者"序论、本论、结论"的结构来写会更容易、更可靠。然而，如果你想设计一个更有吸引力的故事线，那么就应该尽可能地多在"起承转合"上下功夫。

从各种流行的四格漫画中也可以看出，"起承转合"本来就是一种适合有时间轴的"小说式情节"的写作结构。逗弄观众并变出鸽子的魔术师，其实也是在"起承转合"的流程之下进行表演。

那么，我们要如何将其整合到"论文式情节"中呢？为了让读者享受通往终点的旅程且不迷失方向，我们该注意些什么？在讨论情节的最后一部分，让我们一同来思考"论文式情节"的"起承转合"。

情节④　起承转合，关键在"承"

导致"起承转合"难以处理的最大原因就在于片面主观地认为它是"四部分结构"。如果死板地把它分成"起""承""转""合"四部分来考虑的话，事情就变麻烦了。与其把它想成是四部分结构，不如把它当作是前后两篇组成的两部分结构，即"起和承"是前篇，"转和合"是后篇。前篇展开充分论述，而后篇一开始就给前篇的论述来个大反转，真正想说的其实都在后篇（见图 7 - 1）。然后再回过头来看整体的结构，"起承转合"自然就形成了。在继续向下阅读之前，请一定带上两部分结构的意识。

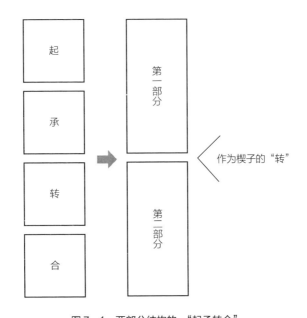

图 7 - 1 两部分结构的 "起承转合"

不要把"起承转合"想成是四部分结构，而要看成是由"起和承"
和"转和合"组成的两部分结构。

如果把"起承转合"当作是"用四部分讲一件事"的话，那
么从"起"到"承"都属于前奏，是进入正题前的准备活动，是
一件事的前半部分。

然而，当我们把它看作是"前后两篇组成的两部分结构"时，
那么"起承转合"讲的就不是一件事，而是前篇讲一件事，后篇讲
另一件事。"起承转合"的作用就是把这两件事给关联起来。换句
话说，前篇不是后篇的前奏，而是一个独立完整的故事。

例如，我在前文举了一个通过"吉卜力电影中的某个场景"引
出"如何提高工作效率"的讨论的例子。如果把它看成两个部分，

那么前篇就是关于"日本和美国的动画工作室的对比",后篇就是关于"如何提高日本企业的工作效率"。

如果想要把它作为原稿写出来,那就必须要对动画行业进行深入研究。而关于迪士尼和皮克斯的电影制作系统的信息非常少,具有很高的稀缺性。如果能插入这些信息,将给读者的阅读体验增添许多价值。在读者心领神会时,再把"转"的楔子插入,从而引出"提高工作效率"的正题。读者会惊讶地发现,原来如此奢华的阅读体验(日本和美国的动画工作室的对比)竟然只是一个开始。

下面这一点对于撰写"有趣的原稿"来说十分重要。

原稿的正题是"提高工作效率"。什么是工作效率?提高工作效率和提高业务效率之间有什么区别?为什么日本企业的工作效率如此低下?我们能做些什么来提高工作效率?写作者已经对这些问题做了很多研究,而且形成了自己的想法,迫不及待地想把它们给写出来。

而如果要从"吉卜力电影中的某个场景"引入,并由此对日本和美国的动画工作室进行比较的话,那么当然就需要写作者进行新的取材。尽管它与正题没什么关系,但为了展开一段准确而难得的内容,不得不额外进行细致的研究,必须要阅读大量的资料,寻找有力的支撑。这一切都是为了只有几行,至多也只有几页的"前篇"。

那些抱着马马虎虎的态度去写"看似是起承转合的文章"的写作者,很可能在导言部分就栽了跟头。他们硬生生地编造导言,没有意识到要专门为了导言而额外取材。虽说不过只是几行的导言,但要想写出能给读者带来体验的内容,没有取材是万万不可的。

"起承转合"的前半部分是最重要的:写作者究竟能从多遥远的地方开始说起,然后又如何巧妙地展开论述?大部分写作者关于"转"之后的正题肯定已经进行了充分的取材,写出高于平均水平的原稿不是什么难事，问题就在于原稿的前半部分，尤其要对"承"展开的论述额外进行充分取材。可以说，"起承转合"成功与否是由"承"决定的。

掌握自己的文体

到目前为止，我们已经探讨了关于"节奏""修辞"和"情节"的各自要点。每一部分的内容都比较长，所以只读一遍的话可能还是难以理解全貌，建议读者反复阅读以加深理解。

而说到写作，有一件事是无法回避的，那就是关于文体的讨论。例如，在写采访稿时，写作者必须重现被采访者的"独特文体"，不仅是重现被采访者的说话语气和特征，还包括他的声音、认知方式和思维方式等。

然而，在这里我想要讨论的是"我的文体"，即我作为主体时谈论某事的文体。说到底，什么是文体？像自己这样的人身上也存在称得上是"文体"的东西吗？我们如何才能发现它并锤炼它？在某种意义上，这可以说是关于"写作的最终目的"的讨论。接下来，我将在回顾我个人的职业生涯的同时，和大家一起谈一谈这个问题。

在职业生涯的开始阶段，写作者们被要求是"无私"的。

例如，即便是在匿名的原稿之中，也不允许出现"我"这个词。原因就在于，在一篇不知道是谁写的中立的原稿中，过多的"我"很容易引起读者的混乱和反驳。当然了，我在刚开始从事写作者的工作时，也常被要求在原稿中不可以出现"我"。

然而，写一篇没有"我"的文章真的很难。

无论我自以为写得多么平淡中立，其中总是有一点"我"的影子。再加上我技术不佳，导致写出来的原稿读起来很业余、不简练，而且"我"的存在过于明显。别人的评价暂且不论，就连我自己回过头去阅读时都会觉得厌恶。那种感觉就像在录音机里听到自己的声音一样，很尴尬。这是我当时最大的烦恼之一。

后来从业时间久了，渐渐地得到了一些写署名文章的机会。不过与其说是"我"得到了出场的机会，倒不如是"我"被要求出场，被要求站在台面之上。以前的我写的都是"无色透明"的原稿，现在却要我亮出自己的颜色。

而这次，我却不知道该怎么寻找"我"。

作为职业的写作者，我有能力分析并模仿取材对象的文体，或者根据媒体的语气和习惯来选择适当的文体。像是综合杂志、商业杂志、男性时尚杂志、女性时尚杂志、周刊、城镇新闻和报纸等，我能够根据不同媒体的特点量体裁衣地进行写作。

然而，当遇到没有外部参考的"我的文体"时，我就会感到十分迷茫，不知道要写什么。虽然我写了又写，却怎么也找不到"我"的踪迹。那个我曾经非常想要抹去的"我"，那个我竭力掩盖的"我"。

我要找到自己的文体，不去模仿任何人。

我认为这是所有作者都会面临的障碍。我自身经历了多年的尝试，也犯过错，像是试图模仿我所尊敬的作家的文体，或者试图通过扮演别人来创造自己的文体（在我的处女作《给 20 岁的自己看的写作讲义》中，可以看出我当时的种种尝试）。

现在的我关于"自己的文体"是这么认为的：

写作者的文章仍应该向着"无色透明"的方向努力。

不要盲目地独树一帜，不要试图模仿你所崇拜的人的文体，也不要试图炫耀你的技巧，而是要努力把文章写得透明，让读者任意挑几行读也看不出是谁写的。但这可不是没有"我"的文章。

为了便于理解，在此让我们把"无色"和"透明"分开来考虑吧。

无论你如何朝着"无色透明"的方向努力，写出来的文章永远不会真正的"无色"。只要是书写，总会留下墨水。在一个装满了文字的玻璃杯里，一滴名为"我"的墨水滴了进去。这滴墨水慢慢扩散，最后染透了整杯水。只要是"我"在写，这种情况就无法避免。

但是，保持"透明"却是可以做到的，只要不混合其他颜色就可以。正是因为掺杂了"我"以外的颜色，才让水变得浑浊。试图独树一帜，试图成为他人，试图炫耀技巧，所有这些都只会使水变得浑浊，而浑浊的文章肯定会阻碍与读者的沟通。不要试图混入任何多余的颜色，只要努力把文章写得"透明"就行了。

在这个意义上，文体和笔迹很相似。

即便没有刻意追求独特，笔迹还是可以展现写字者的个性。笔迹可以看出一个人的自我意识、审美、毅力以及其他许多特点。无论你如何小心翼翼地书写，无论你的字如何"无色透明"，它总是会显示出"你"的个性。一个人年龄越大，写得越多，他的笔迹就越有自己的风格。

写文章也是一样。只要是你写的文章，它就已经有了"你的文体"。如果你看不出来，那就说明你的文章太"浑浊"了。让我们摆脱不属于自己的色彩，不对自己撒谎，努力向着写出准确且透明的文章而努力吧！

第三部分

推　敲

原稿不是写好就完事了。面对写好的原稿，面对创作它的自己，我们仍要不断提问：为什么这样写？ 为什么不那样写？ 那样写是不是更有趣？ 换言之，只有经过"推敲"这一流程，原稿才算是真正完成了。"写好"的原稿要经过推敲才能成为"写完"的原稿。在写好原稿的时候还不能满足，要认识到接下来才是重头戏的开始。

第8章 名为"推敲"的取材

推敲就是向自己取材

什么是推敲？推敲是为了什么？

让我们挣脱词典中的定义的束缚，试着自己给它下个定义。

假设现在有一份等待推敲的原稿摆在你面前。

它看起来像自己写的，却又不是自己写的。它是由过去的自己写的，只要把它重读一遍你就明白了。写的时候是怎么想的？为什么要加入这段故事？为什么要这样写？为什么选择这种表达方式？为什么以这种方式展开？你似乎很难给出一个确切的回答，但至少有一件事十分明确，那就是如果再写一次，你肯定会写得完全不同。

眼前的这份的确是自己写的原稿，但如果让现在的自己从头开始重新写，那么新的原稿肯定会有所不同，至少不会一字不差。过去的自己和现在的自己在某种意义上来说是陌生的他人。

我认为推敲的本质就是"向自己取材"。

你当时在想什么？你为什么要写这个？讲这段故事真的有必要吗？是不是可以换一个故事、换一个比喻或换一种说法？拿着红笔，向这篇原稿的作者（过去的自己）进行取材。毫不留情地抛出所有刁钻的问题——这就是我所认为的推敲。

只有提问还算不上是推敲。对于判断为多余的地方，要毫不留情地进行修剪。不仅是删除，有时还要重新编排或者再添一笔。作为写作者，你必须做出自己的"翻译"。

这其实就是说：在推敲阶段，写作者要对"写了这篇原稿的自己"重新进行从"取材"到"翻译"的所有流程。推敲不是简单地重读或重写，更不是检查拼写和语法，看看哪里有错漏。推敲是"取材自己，翻译自己"。

从"过去的自己和现在的自己是陌生的他人"这个角度出发，电影编辑的工作可以为我们思考推敲提供很好的参考。这是一个高度专业化的职业，有时也被称为"编辑技术员"。在这里我们还是以"电影编辑"来称呼。

在电影界，编辑指的是"审查所有拍摄好的胶片，舍弃多余的部分并通过剪辑来重新构建"的过程。

在美国，编辑被称为"edit"；在法国则被称为"montage"。英语的"edit"更多是指"删掉多余的部分"，而法语的"montage"则更多是指"通过拼接创造出新的意义"。

只要是和电影或电影剪辑相关的教科书，在此一般都会从蒙太奇理论和库里肖夫效应的具体事例入手，但本书要是去讨论这些内容就显得有些画蛇添足了。总之，希望读者可以意识到电影编辑的两大工作分别是"舍弃多余的部分"和"通过拼接创造出新的意义"。

电影编辑身上最有趣的一点就是，他们不在拍摄现场。片场经历了怎样的辛苦、拍摄这个场景花了多少时间和金钱，电影编辑都不知道。导演、演员和工作人员的感受他们也一无所知。他们只是用平视的眼光看待电影，舍弃掉他们认为多余的地方。面对辛苦劳动得来的胶片，他们无情地用剪刀剪开，不留一点情面。他们只会使用对影片真正有必要的镜头，把它打造成理想中的样子。这种工作只能由不在拍摄现场的陌生人来完成（就这一点而言，同一部电影的"导演剪辑版"往往就很沉闷和无聊）。

再让我们从推敲的角度来考虑这个问题。

我们需要把自己写好的手稿从头到尾看一遍，舍弃多余的地方，然后再把文本进行拼接，有时还要替换整个场景，最终构建起完整的内容。其实我们所做的大部分工作和电影编辑是一样的。

然而，还是有一个至关重要的区别。

在推敲的过程中，你必须把自己当成是陌生人。

更准确地说，你必须把自己写的原稿当成是别人写的一样，毫不留情地批评、修剪它。不论是你花了多少天才写好的文章，不论你为了写某一部分而查阅了多少资料，只要你认为它对于整体内容而言是多余的，就要不留情面地把它剪掉。在推敲时，你必须像电影编辑那样"冷酷无情"。

拍摄好的大量胶片需要通过编辑才能成为一部电影。

同样，你写的文章需要经过推敲才能最终成为内容。拿着剪刀面对自己写的原稿可能是种害怕到两手发抖的体验，对此需要做好相应的思想准备。之后的"通过拼接创造出新的意义"又是另一个挑战。让我们一起来思考一下，究竟怎样才能像电影编辑那样进行推敲？

如何阅读自己的原稿

像电影编辑一样推敲并不是一件容易的事。

我们可以做到客观地阅读别人写的文章，只要有支红笔就能修改起来。事实上，纠正别人的写作比自己从头开始写要容易得多。然而，对自己的文章却很难保持客观，因为对它实在是太熟悉了，已经与自己融为一体，很难再作为一个普通的读者去阅读它。这是许多作者都会面临的问题。当你重读自己的原稿时，最重要的就是保持距离。

大体上有三种创造距离的方式，分别是：时间上的距离、物理上的距离和心理上的距离。

①时间上的距离

当你写好一份原稿，先让它"休息"一晚。第二天，用清醒的头脑再去读一遍。或者更好的是，直接周末休息两天，到了第三天的星期一再去重读。这种建议可能你都已经听腻了，但只要休息一个晚上（特别是要有充分的睡眠），就可以让你和你的原稿产生很大的距离。如果你在给重要的人物写邮件，写完了不要直接发送，而是先做会儿别的工作，隔一会儿再去重读一遍。当然，如果有时间睡上一晚再去处理，那就更好了。

②物理上的距离

这种距离很好创造：只需要改变你的原稿的外观。

比如，我现在正在使用 Scrivener（一种文字处理软件）写本书的原稿，用的是明朝字体、横向书写。当我想要重读时，我会把它导出到 Word 上，并用哥特式字体、纵向书写显示。使用什么软件并不重要，重点在于可以来回切换横向书写和纵向书写、明朝字体和哥特式字体。如果你实际操作一下就会明白，这将大大改变原稿的外观。它在你和你的原稿之间创造了物理上的距离，使你能够发现自己一开始可能没有注意到的错误。

最后，我会把它打印出来，用手中的红笔做最后的检查。不只是那些投稿给纸质媒体的原稿，投稿给网络媒体的原稿也可以打印出来，动笔修改。如果你肯在这上面下功夫，你将能够更客观地阅读自己的作品。

吾輩は猫である。名前はまだ無い。どこで生れたかとんと見当がつかぬ。何でも薄暗いじめじめした所でニャーニャー泣いていた事だけは記憶している。吾輩はここで始めて人間というものを見た。しかもあとで聞くとそれは書生という人間中で一番獰悪な種族であったそうだ。この書生というのは時々我々を捕えて煮て食うという話である。しかしその当時は何という考もなかったから別段恐しいとも思わなかった。ただ彼の掌に載せられてスーと持ち上げられた時何だかフワフワした感じがあったばかりである。掌の上で少し落ちついて書生の顔を見たのがいわゆる人間というものの見始であろう。この時妙なものだと思った感じが今でも残っている。第一毛をもって装飾されべきはずの顔がつるつるしてまるで薬缶だ。

夏目漱石的《我是猫》（节选），横向书写，明朝字体

吾輩は猫である。名前はまだ無い。どこで生れたかとんと見当がつかぬ。何でも薄暗いじめじめした所でニャーニャー泣いていた事だけは記憶している。吾輩はここで始めて人間というものを見た。しかもあとで聞くとそれは書生という人間中で一番獰悪な種族であったそうだ。この書生というのは時々我々を捕えて煮て食うという話である。しかしその当時は何という考もなかったから別段恐しいとも思わなかった。ただ彼の掌に載せられてスーと持ち上げられた時何だかフワフワした感じがあったばかりである。掌の上で少し落ちついて書生の顔を見たのがいわゆる人間というものの見始であろう。この時妙なものだと思った感じが今でも残っている。第一毛をもって装飾されべきはずの顔がつるつるしてまるで薬缶だ。

夏目漱石的《我是猫》（节选），纵向书写，哥特式字体

③心理上的距离

这是一种将原稿从自己的心中抽离的行为：在推敲之前，先把写好的原稿发送给编辑。虽然还没有开始进行推敲，离截止日期也还有好几天，但还是姑且先把"非最终版本"给发送出去。

自己一个人守着原稿时，很难做到客观。而一旦你把它发给了编辑，放下了你一直抓在手里的原稿，突然就能够客观地看待它了。面对即将要被他人阅读的现实，你不禁开始心想："读到这个的人（编辑）会怎么想呢?"

如果你的原稿没有编辑负责，也可以请家人或者朋友来读。只要有了"我不是一个人"的既成事实，那么心理上的距离就自然而然地形成了。

如果能够从上述的三个不同角度来保持距离，那么我们就可以获得一定程度上的客观性。现在让我们更详细地探讨一下关于第二点的"物理上的距离"。

"朗读、异读、笔读"三部曲

常有人认为推敲是拿着红笔重写。也有许多写作者不把原稿打印出来，更不用红笔，直接在显示屏上完成所有的工作。无论采取何种方式，大多数人对推敲的一般理解是：这是一个一边重读，一边觉得哪里不对就当场重写的过程。

但推敲并不是只要"重读重写"就一步到位了。我认为推敲可以分为三个步骤：朗读、异读和笔读。

①朗读

第一步先不要拿起红笔，也不要急着重写，而是以读者的身份把原稿通读一遍。这一步要读出声。如果担心影响到周围的人，可以不出声音，只是一边读一边做嘴型就行。

朗读是一种非常有效的阅读方式，因为它在用眼睛和耳朵输入的同时，还在用嘴巴和喉咙输出。有些错误只有在听到时才会察觉，也有些错误只有在出声说出来（或者试图说出来）时才会发现。在日常阅读中，我们可以默读；但对于推敲来说，一定要从朗读开始。

当你朗读完后，也许会产生某种违和感。

可能是因为文体，也可能是因为节奏和速度。可能是结构上的问题，也可能只是一种"觉得哪里不自然"的模糊感觉。如果你没有这些感觉，那么你要么是个天才作家，要么是个天真的读者。至少对我来说，我写的每一份原稿（初稿），当我重读的时候总会有种违和感。

我曾在第 1 章中这样写道：

> 所谓"差文章"，指的并不是那些"技巧上不成熟的文章"。
>
> 和技巧、投入时间都无关，只要是"写得杂乱的文章"，就都是差文章。这就是为什么即便是写作技巧娴熟的作家也有可能写出差文章。分析一篇差文章，就是在阅读它的作者的"杂乱"。
>
> 那些经过编辑和审校人员之手面世的出版物中几乎很少能找到毫无条理的文章。像拼写错误、语法错误和成语误用等，几乎都被订正了。然而，那些看上去读得通，却总让人有一种违和感的差文章则多如牛毛。
>
> 作为一个好读者，请不要对这种违和感视而不见。
>
> 让我们成为对"杂乱"刨根问底的读者，探寻违和感的真正本质。
>
> 写作者在写这句话的时候是怎么想的？还是说因为他没有考虑到什么才写成这样的？
>
> 只有成为一个对差文章严格的读者，才能对自己的写作也同样严格。

> *（引自本书第 1 章中的"差文章给你的提示"）*

无论你自以为原稿写得多么认真仔细，其中总会有一些"杂乱"。

截止日期就摆在那里，我们也还有其他的工作要做，不可能为了想一句话耗费几个小时。虽然犹豫不决，不知如何落笔，但姑且还是先写上一句话，然后去想下一句话。而这种犹豫之下写出的差句子会被长长的文章所淹没，只能通过推敲来发现。我们要避免"只见树木，不见森林"，要关注整体的感觉。如果你能察觉到整片森林的违和感，或者有"后半部分的流程有点牵强""导入部分太生硬了"之类的感觉，那么推敲的第一阶段就算是完成了。

②异读

我是一个阅读速度很慢的人，经常需要多于一个晚上的时间才能读完一整本书。读小说的话会花上几天，读托尔斯泰或陀思妥耶夫斯基的大部头小说则要好几周的时间。但读自己的书，几个小时就可以读完。

这不是因为自己的书容易读，而是因为里面的东西全都是"已知的"。当我们阅读自己的原稿时，不是在阅读具体的文本，而是在阅读抽象的内容：这一段说了什么，下一段又说了什么？它是如何从那里展开到最后一句的？我们最多只会这样大致阅读，绝不会逐字逐句地读。

此外，习惯于阅读文本的人脑有种自动纠正句子中的拼写错误的能力。例如，我们的大脑在看见"汉字的序顺并不定一能影阅响读"这句话时，会自动修正成"汉字的顺序并不一定能影响阅读"。这是大脑的一种认知特点，被称为"Typoglycemia"（不影响阅读理解的拼写或印刷错误）。虽然这种能力很不错，但对推敲来说则是一个大敌。如果读的是自己写的原稿，就更有可能只关注意义，而不再试图去处理文本自身。

而"异读"就是将文本，至少在外观上，转换成"第一次看到的东西"。正如我前面提到的"物理上的距离"，我们可以借助文字处理软件来改变文章的外观（如改变文字的方向、字体），然后再去阅读。

那么，到底为什么要改变文章的外观呢？

现代日语同时保留了横向书写和纵向书写的习惯。眼睛在阅读横向排版和纵向排版时的运动轨迹是不同的（见图8-1）。在横向排版中，字符从左到右排列，自上而下换行；而在纵向排版中，字符从上到下排列，自右而左换行。

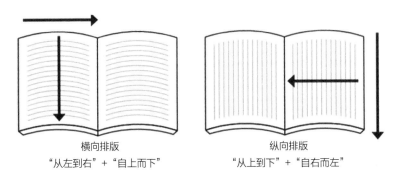

横向排版　　　　　　　　　纵向排版
"从左到右"＋"自上而下"　　"从上到下"＋"自右而左"

图8-1　横向排版和纵向排版的差异

原稿整体外观改变了，也改变了你阅读时视线的轨迹（最好把字体大小也调整一下），其效果十分显著。尽管这是你自己写的原稿，但感觉它就像是你第一次读到的东西。在异读时，你甚至能够发现先前在朗读时产生的模糊的违和感究竟源自哪里。如果有所发现，你可以当即删减、调整或重写。

最近，我不光只是在文字处理软件中直接转换，也经常把自己的原稿发到手机上，在小小的屏幕上"异读"它。这也是一种改变原稿外观的方法。

③笔读

在朗读和异读之后，终于是时候拿出红笔了，这是推敲的第三个阶段"笔读"。

这是一个在纸上打印出你的原稿并用红笔批注的过程。打印时，最好确保打印出的效果（包括字体）和正式出版时的外观相近（如果每行的字数和正式出版时的也一样就更好了）。

笔读的最大好处并不在于"批注"。

如果只是添加或者删除文字，完全可以在屏幕上进行。笔读的好处在于，你可以在阅读时用笔尖跟踪每一个文字。面对印刷好的文本，拿着笔一个字一个字地指过去，就像是在画线一样。笔读的单位不是段落，更不是句子，而是一个个字，而且这也只有笔读才能做到。这就是我建议用纸和红笔进行笔读的主要原因。

如果用烹饪作比，推敲的三个步骤就像是：检查原料的状态（朗读）、大胆地下刀（异读）、小心地取出骨头（笔读）。如果你只是漫不经心地反复阅读，就不能称之为推敲。让我们养成朗读、异读、笔读的好习惯吧。对于同一份原稿，建议把这个循环重复两到三次。

作者和读者，谁优先

在取材（特别是采访）前，我的心情总是很好。

采访中我很高兴，采访后我也很高兴。这个要怎么写、以什么样的顺序来写、要加点什么内容来让它更有趣……光是想着接下来要做的事，我就会很兴奋。

与此同时，虽说"推敲是向自己取材"，但在真正开始推敲前，我的心情却总有些沉重。推敲的工作没有什么令人兴奋的地方，如果可以的话，我甚至想回避掉它。事实上，如果是因工作关系之外写的文章（如电子邮件、博客等），我写完甚至都不会去看第二遍。

那么，为什么我们在向别人取材时那么高兴，而向自己取材时就那么不情愿呢？

原因之一在于结构性的缺陷，即只能获取已知的信息。

与读别人的书、听别人的故事不同，从自己的原稿中得到的只有自己已经知道的。因此，既无惊喜，也无感动和发现，情绪很难高涨起来。事实就是如此。

我认为，对推敲的过程感到心情沉重的原因就在于，面对失败的自己实在太痛苦了。当再次阅读自己的原稿时，你会切实地感到自己写得还是太天真了。或者是发现了逻辑上的错误，或者是对自己糟糕的表达方式感到厌烦，又或者是对自己偷工减料的行为感到失望……所有这些发现都使推敲变得困难重重。

但我希望你能这样想。

通过推敲，直面那个失败的自己，原本以为写得不错的原稿中竟发现了各种各样的错误。但这并不意味着你是个失败的作者，反而证明了你是个敏锐的读者。

这一点非常重要。

作为一个作者，无论你有多少实践，总是会在某时某处碰壁的。事实上，你的职业生涯越长，就越容易失去年轻时的感性和冲劲。随着体力下降，注意力减退，原稿也变得粗糙。正是因为自己已经具备了一定的技术水平，才会开始欺骗自己和读者，逃到了模式化的写作中。我曾见过许多资深作家（有时甚至是我的后辈）落入这个陷阱。作为一名老手写作者，我也不能说我没有犯过同样的错误。

相比之下，作为一个读者，境界提升是没有上限的。我们可以成为一个比现在更严格、更积极、更有创造力的读者。写作需要相当的体力和注意力，但在阅读方面，经验的分量比什么都重。作为一个读者，经验可谓是"有百利而无一害"。

推敲前的原稿必须达到一定的水平、质量要好到可以按原样出版、在编辑那里可以一次通过……这些对职业的写作者来说都是理所当然的。但问题在于，作为读者的你如何看它？

需要推敲的原因不在于原稿自身不好。

"原稿好到不需要推敲"是不可能存在的。

事实上，一个写作者的综合能力越强，推敲就变得越难。"作为读者的自己"越是被锻炼，考虑的范围就越广，能写的东西也就越多。千万不要做一个浅薄的读者。

就我个人而言，我认为"作为作者的自己"很差劲，觉得自己是个很天真、很笨拙的作者。

但我十分肯定"作为读者的自己"。如果他（作为读者的自己）觉得有趣，那就是有趣；如果他为之感动，那就是伟大的内容，与世人怎么想无关。与之相应的，他的眼光很高、很毒辣。他是一个非常认真的读者，绝对不会为任何半吊子的东西鼓掌。

如果经过几番推敲，你满足了"作为读者的自己"，那么你就超越了"作为作者的自己"。这表明你已经达到了一个只有通过推敲才能到达的境界。

之所以在开始推敲前感到心情沉重，是因为你还没有从"作为作者的自己"中走出来。只要你开始推敲，虽说有些痛苦和困难，但在某个阶段，"作为读者的自己"就超越了"作为作者的自己"。于是，那个"作为作者的自己"变成了陌生人，面对失败的自己的痛苦也就减少了。倒不如说，你可以享受到即将创作出远超现在水平的作品的乐趣了。

不是因为作为作者的你还不成熟才需要推敲，而是因为作为读者的你很优秀才能去推敲。

请"最强读者"降临

正如我前面多次说过的，推敲是在把"作为作者的自己"和"作为读者的自己"分离之后进行的。我们必须足够客观，以至于忘记了原稿是自己写的。必须让自己成为公正的第三者。做不到这一点，就无法真正地推敲。"让原稿休息一晚"和"改变原稿的外观"等都是实现客观性的一些途径。

但如果时间有限，没有工夫让原稿"休息"一个晚上，该怎么办呢？刚才还是"作为作者的自己"，能够这么快就转换成"作为读者的自己"吗？恐怕"身为作者"的感觉总有残留，导致很难客观地看待原稿和做一个严格的读者。结果导致推敲得不够深入，最终的原稿仍不尽如人意。这可能是所有作者都会面临的两难问题。

此时，建议让你的"最强读者"降临。

也许是一个你发自内心尊敬的作家，也许是一位极富知性的评论家，也许是你学生时代的恩师，也许是你憧憬已久的前辈……不管是谁，你都必须让自己去思考："如果我崇拜的那个人读到这个会怎么样？"

作为最强读者的那个人有能力看穿你的谎言，发现逻辑上的矛盾，看见取材工作的不足。自作聪明的小技巧、刻意为之的夸张表达、偷工减料的地方，这些在他面前都将无所遁形。有多少是事实，有多少是夸张，有多少是你自己说的，有多少是借来的语言，保持了多长时间的专注，又在什么时候开始懈怠了，参考资料的数量和来源是否准确标明，哪些地方涉嫌抄袭，哪里偷换了概念……他能看穿这一切。

最可怕的是，如果你写的原稿很糟糕，那位"最强读者"会说："你就这样写吗？你自己觉得这就算'好'了吗？"他会因此感到失望并轻视你。最好在自己心中多准备几个这样强大又可怕的读者，而且最好不是已故之人，而是活着的真的可能会读到你的作品的"那个人"。

许多取材时偷工减料、存在抄袭行为、跳过推敲的人，都以为"不会被发现"。也就是说，他们是在糊弄自己的读者，觉得读者发现不了。但这不是靠技术就可以掩盖的，这已经关乎一个人的人品了。

请记住，总有能够看穿一切的读者。

即使他们没有进入你的视线，但他们就在那里。这样的读者有很多，有几十个，甚至几百个。而且你的原稿总有可能被他们看到。哪怕是你在社交媒体上发的一个帖子也有可能。

这就是为什么要在写作时始终想象有一双最强读者的眼睛在看着你。只要这样做了，你就能够约束自己。这与个人品性无关。

比如，我在创作本书时，就假定了会被"我崇拜的人"读到，并在此之上反复推敲。其中既有和我有直接关系的熟人，也有我单方面崇拜的作家。当我感受到背后来自他们的目光时，说不害怕那是骗人的。我当然很害怕，越是想象他们会怎么看待这本书，我就越是怕到发抖。

但正是因为有了他们的注视，我才可以保证自己不敢懈怠，督促自己努力到最后。如果你忘记了他们的目光，哪怕只是掺杂了一点点"别人应该看不出来吧"的想法，那么你的原稿就会立刻崩塌。

从这个意义上说，有一个发自内心崇拜的前辈在身边的写作者是很强大的。因为他们可以近距离地切实感受到"被那个人读到的可能性"，可以坚持不懈地创作出无愧于"那个人的目光"的原稿。年轻时，我的身边并没有那样的老前辈（甚至没有途径去认识他们），因此我对那些有前辈照拂的写作者们总是深感羡慕。

要用客观的眼光来阅读，也就是用"崇拜的那个人"的眼光来阅读。让我们多多认识一些发自内心崇拜的人吧，并且充分用好他们的目光。

如何发现逻辑上的矛盾

在推敲的过程中，需要找出错别字，需要找出连词、形容词、副词等的使用错误。

这些工作并不困难，只需"看图找茬"。最难的部分不是发现"语言上的错误"，而是发现"逻辑上的错误"。

逻辑就像是建筑物的骨架，是支撑房屋的顶梁柱。如果逻辑不正确，建筑物就会倾斜，人也无法在里面居住。

然而，等建筑物建成之后再去发现顶梁柱（骨架）的缺陷是非常困难的。这些柱子隐藏在墙壁和天花板后面，无法直接看到。一旦墙面粉刷好，那么直到实际住进去之前，是不可能发现建筑的结构缺陷的。

文章也是一样的道理。即使有一些逻辑上的缺陷，也可以通过巧妙的语言来掩盖。逻辑跳跃、概念偷换，这些都可以用修辞来粉饰。

也有很多写作者虽然不是故意要欺骗读者，但却用牛头不对马嘴的话语巧妙地糊弄了过去，结果最终呈现给读者的内容就像是一栋有结构缺陷的房子。我自己如果不特别注意的话，也可能会犯逻辑上的错误。在被层层粉饰的文字背后，它的支柱可能是扭曲歪斜的。

那么，我们要如何发现自己的逻辑矛盾呢？如何才能看到隐藏在墙壁背后的结构缺陷呢？

唯一的办法就是"照 X 光"。

去掉所有语言上的修饰，只把支柱（论点）给写出来，也就是把各个部分的论点分条列出。就以上一节的"请'最强读者'降临"为例，其各部分论点整理如下：

①在推敲时，我们必须走出"作为作者的自己"，把客观贯彻到底。

②然而，面对刚刚写好的原稿，我们很难做到客观。

③于是就要请"最强读者"降临。

④假定可以看穿所有谎言和偷懒的"那个人"会读到它。

⑤说到底，谎言和偷懒的根源是"以为不会被发现"的想法。

⑥"以为不会被发现"的想法其实就是在轻视读者。

⑦这就是为什么要让自己发自内心崇拜的"最强读者"降临。

⑧事实上我也是这么做的。

⑨那些发自内心崇拜的前辈就在自己身边的写作者都很强大。

⑩要善于利用你所崇拜的"那个人"的目光。

单独把论点逐条列出，在逻辑上姑且算是成立了。

但导入部分的①在前面已经说过好几遍了，显得有些啰嗦。另外，从②到③的展开也有些牵强。对于这一块内容，如果将导入部分删减，再引入更为清晰的定义，那么原稿整体上应该会更精炼。具体情况如下：

①所谓推敲，就是看穿自己的谎言和偷懒的过程。

②谎言和偷懒的根源是"以为不会被发现"的想法。

③"以为不会被发现"的想法其实就是在轻视读者。

④所以要请自己绝对不敢轻视的"最强读者"降临。

⑤假定可以看穿所有谎言和偷懒的"那个人"会读到它。

⑥比起没有具体形象的读者,最好想象的"那个人"是能够看得到脸的。

⑦事实上我也是这么做的。

⑧那些发自内心崇拜的前辈就在自己身边的写作者都很强大。

⑨要善于利用你所崇拜的"那个人"的目光。

为了展示关于推敲的实例,我特意将前者的原稿保留了下来,未做修改。但在正常情况下,我肯定会按照后者的逻辑去重新写。后者整体上紧凑而清晰,导入部分中的定义也更有气势、更有趣。即便原来的原稿在逻辑上是合理的,但仍有可能可以像上面那样整理得更好。

另外,如果原稿本身就存在逻辑矛盾(结构缺陷)该怎么办?

只要你把论点逐条写出,总会发现一些连不上的论点。那些原本连不上的论点通过强力胶(偷换概念、修辞掩饰等)被生硬地放到了一起。在阅读文章时,可能只是觉得有一种模糊的违和感。你虽然感觉哪里怪怪的,却不知道具体该如何解决。这是因为它的结构就是错的。你需要重新逐条整理你的论点,然后再从头开始写。要注意,这不是小修小补,而是重新来过。仅仅重新把墙壁粉刷一遍,是解决不了结构问题的。

在写长篇的原稿时,不妨先逐条写好论点再开始动笔。事前整理好论点,在建立好框架的基础之上再去充实你的文章。在写之前罗列一遍论点,在写完之后进行推敲时再罗列一遍论点。这就像是给逻辑"照 X 光",所有隐藏的骨折和脱臼都将被发现。

所有的原稿都有过度和不足

在做好结构层面的推敲之后，让我们来思考书面表达层面的推敲。

我认为，思考这一问题的前提是"所有的原稿都有过度和不足之处"。每一篇原稿，至少在经过推敲这道滤网之前，都有过度和不足之处，无论它的作者多么有经验、多么厉害。

当写作者专注于创作原稿时，他就会沉浸在原稿的世界里。

外部世界的噪声被驱逐到意识之外，感觉不到饥饿，甚至忘记了时间。这是一种属于写作者的亢奋状态。就其本身而言是一件好事。如果不沉浸其中，写作者就无法写出好的原稿。在平静、不慌不忙、规规矩矩的状态下写出来的原稿，永远不会超越自己平常的水平，也永远无法让写作者超越那个平凡的自己。

然而，如果一篇原稿是倾注了很多精力才写成的，那么它总会在哪里出现"过度"或者"不足"的问题。

首先从"过度"开始解释。

对对象的感觉越强烈，作者的文字就会越用力，用力把它写得更有趣、更刺激，尽可能地吸引读者的眼球。一个短语，或者只是一两个字，是他堆砌表达的基本单位。而这种不断堆砌的行为成了惯性，碰上想要更多强调的地方，他便写得更加用力，或者说不得不更加用力，因为总想让自己堆得更高。作者越是熟练，就越能响应文章的要求，于是表达也就越强烈。

但是，就像半夜写的情书一样，在这种亢奋状态下写出来的原稿缺乏客观性。或是掺杂了谎言、夸张、煽情，或是徒有气势、没有实质，又或是存在逻辑错误、结构缺陷……作者的表达就像是发生了"通货膨胀"，强调也失去了本身应有的功能，显得平淡无奇。所以才需要推敲。

在推敲中，因亢奋而发热的身体冷静了下来，从而得以用冰冷的目光重新阅读原稿，毫不留情地对它进行删减和用红笔批注。虽然要避开消磨掉整体的气势，但我还是会小心翼翼地消除每一处的"过度"，使原稿回归诚实。这是为了自己，也是为了读者，以及参加取材的伙伴。比如"必须绝对避免……"这句话中的"绝对"用得正不正确、有没有必要，推敲时必须要严格检查。文意并不是表达越强烈，就越容易传达。比起大声喊叫，说得正确才更重要。

再来看看"不足"又是什么情况。

如果是由于取材不够而出现缺漏，那就属于推敲之前的问题。唯一的解决方法就是回到第一章，进行额外取材。

但在此我想要讨论的不是这种不足，而是因为取材太过充分而导致的"不足"。

假如，你向一位相关领域的专家关于日本少子化的对策进行了取材。在取材之前，你对出生率下降的问题并不怎么感兴趣，只有一个模糊的认识。随着预取材、正式取材、后取材的进行，你逐渐意识到这是一个严重的问题。半年前你光是通读一本入门书就十分吃力了，而现在你已经可以轻松理解相关的专业书和政府的白皮书了。相信只要认真对待你的取材，你就一定可以做到。

在完成全部取材之后，写作者已经不再是这个领域的外行了。他能够理解专家的话语，并有着相同的问题意识。无论是在知识方面还是在感觉方面，他都和专家十分接近。而"不足"的问题就由此产生了。

一些需要具备一定前提知识的讨论，没有任何铺垫就开始了。那些对普通读者来说太过高深的话题，在写作者的眼里仿佛都是常识。读者知道什么、不知道什么，该从哪里开始讨论，这些写作者原本应该清楚的内容又模糊了起来。造成的结果就是原稿对普通读者十分不友好。

这是一个关乎写作者存在意义的重大问题。

为什么需要写作者？出于什么样的理由，才给了他们一席之地？不是因为他们擅长写文章，世界上文章写得比他们好的人有的是。写作者之所以不可替代，是因为"他们能懂那些不懂的人的感受"。作为与读者处于相同立场的人（非专业人士），他们有着重要的价值。如果一个写作者不为读者服务，那他就是无用的。无论写作者做了多少次取材，最终都必须将关注点放在读者身上。

推敲是最后一次返回"作为空壳的自己"的机会。给以为什么都懂了的自己浇盆冷水吧。

"犹豫即舍弃"的原则

当我和编辑聊天时，他们经常会跟我抱怨这样的问题：

"有时候我们把原稿退给写作者，告诉他要修改，比如哪里写得难理解、哪里逻辑有误、哪里需要更详细一点。结果写作者返回来的原稿一点都没变，只是措辞上有些变化，和原来几乎还是一样的。最后，如果经过几轮沟通还是老样子的话，我们别无选择，只能自己动手重写，毕竟截止日期就在那里。"

关于如何处理来自编辑的反馈，我将在下一章中具体探讨这个问题。然而，有许多写作者不会修改自己的作品，这是非常普遍的现象，与反馈无关。他们自己也知道应该修改，但当他们盯着自己的原稿时，思维仿佛冻结了一般，不知道该修改哪里、怎么修改。

在此，我推荐遵循"犹豫即舍弃"的原则。

对于原稿，不是考虑哪里怎么"修改"，而是直接"舍弃"。就像电影编辑在仔细检查庞大的电影胶卷一样，要带着"舍弃哪里"的眼光去阅读。有时我们会舍弃整个段落，有时是整个页面，有时甚至是书中的整个章节。一旦舍弃了某一部分，你的面前（眼中的风景）就只剩下一张空白的画布。如果眼前都是半吊子的文字和句子，思维自然会被冻结。眼前的文字会束缚住你，让你的脑海中无法出现新的语言。

当然，你可能会想："好不容易写出来的，舍弃太可惜了。"

明明是费了这么大劲才写出来的，明明已经做了很多调查，明明花了这么多时间来思考这个问题……同样作为一个写作者，我很理解这种感受。

然而，切忌在推敲中顾虑所谓的"可惜"。读者阅读的不是你的"辛苦"，而你获得的稿酬也跟你的"辛苦"无关。读者只想阅读有趣的内容，才不管你在其中投入了多少时间和精力，那些都是你自己的事。

除了在段落和页面层面的"舍弃"，还有在词语层面的"削减"。

文章不需要赘肉。柔软的文章和充满赘肉的文章有天壤之别。那些文章柔软的散文作家，只是写的文章的肌肉比较柔软，而不是在积攒赘肉。被赘肉覆盖的文章，它的身体沉重、行动拖沓，完全走不出轻盈的步伐。

那么，对于文章来说，什么才是赘肉呢？

一个是"加量"。例如，你必须要写一篇 1 万字的原稿，但最多只能想到 5000 字。当你实际试着写了之后发现还不到 4000 字。在这种情况下，原稿本身的结构就需要重新调整。需要增加更多的场景、更多的局面，具体就是增加更多的故事和观点，从而重新构成一个整体。

然而，有很多人没有考虑到这一点或者是懒得考虑，仍然保持"现在的结构"，只是往里面加一些字数，或者加一些无关紧要的词语、套话，又或者啰唆地讲一堆大道理，只想着一个劲地"加量"。这类例子应该许多写作者都感同身受吧。

另一个是"加料"。

这是一种难以察觉的少量佐料，为了显示写作者自己的技巧、感性或者博学而添加。

假设番茄汁是做咖喱时的神秘佐料。虽然按照食谱制作的咖喱已经很好吃了，但只要加一点番茄汁，咖喱就会变得更美味。

然而，那些不擅长做菜的人（也就是缺乏经验的写作者）会往咖喱里加一大堆番茄汁。在极端的情况下，可能加的番茄汁多到让咖喱都变红了。为什么？因为他们想让别人注意到自己做的咖喱不是普通的咖喱，想让别人注意到番茄汁的酸甜，从而展现自己高超的水平。但这却毁掉了好不容易做好的一盘咖喱。

个人原创的表达当然很重要，想出合适的修辞也很重要，但不应该过量。佐料只有被隐藏起来才叫佐料，不可喧宾夺主。把原稿染成番茄汁一样的佐料不过是文章的赘肉罢了。

从多个角度重读自己的原稿，尽可能地清除掉那些多余的佐料吧，比如抖机灵的双关语、耍小聪明的技巧、道听途说的知识等。你越是自认为讲得好的地方，就越可能是让读者感到扫兴的赘肉。不要犹豫，把它们全都砍掉吧。

你的首要任务是锻炼照着食谱做菜的实力，要能够稳定地再现同样的味道。做到这一点之后，再去考虑添加佐料的事吧。

避免写出 "不好意思被人读到的原稿"

既然提到了个人原创，就顺便来谈下关于剽窃的问题吧。所谓剽窃，就是我们常说的抄袭，通俗的说法叫"复制粘贴"。

剽窃大致可以分为两种类型：有意识的剽窃和无意识的剽窃。其中较为棘手的是无意识的剽窃。

例如，有的人把从别人那里听到的东西说成是自己的观点，或者把在某处读到的东西说得好像是他自己发明或发现的一样。他们中的许多人都没有意识到自己的剽窃行为，觉得这确实是他们自己想出来的。他们可能也知道别人说过类似的话，或者某本书中有类似的内容，但他们仍相信自己才是原创的人。

在某种程度上，这是很难避免的。

比如你读了一本书，学到了一些东西，然后把你学到的东西再告诉别人。在一些人眼中，这就是偷窃别人的知识。从本质上看，"学习知识"和"偷窃知识"之间的界限是很模糊的。就我个人而言，"知道自己学过的""不知道自己学过的（结果上等同于偷来的）""自己想出来的"，这三者之间的界限并不十分清晰。

我们唯一能做的就是好好记住"谁说的"和"在哪儿说的"，并且记录下来。事实上，一个人对学习越认真，对自己越诚实，就越重视在发言时注明出处。比如，"这是夏目漱石在《虞美人草》中写的""这是我从某某先生那里学到的"等。我认为，这与其说是记忆力的问题，不如说是对别人的尊重的问题。

与此同时，彻头彻尾地抄袭、有意识地盗用也是存在的。我之前创作的许多作品也曾多次被人抄袭。

"虽然这是那本书里写的，但我把它当成是自己的观点应该不会暴露吧。"

"虽然我是从别人那里听来的，但在这里就把它当成是我自己突然想到的吧。"

"我只要把说法变一下，应该就算不上是抄袭了吧。"

无论程度多么轻微，这样的抄袭万万不可为之。不管是否会暴露，不管是否涉及侵犯著作权，我们都不该做这样的事。为什么？

剽窃、取材不足、不懂装懂、说谎……这种让自己心生愧疚的原稿当中往往还掺杂了一种"要是被那个人（原作者）读到了怎么办？""暴露了怎么办？"的恐惧。而在害怕被某人读到的情况下写出的原稿，最终也不会被大多数人读到，就仿佛原稿自身在拒绝被人阅读一样。虽然听起来有些诡异，但这就是事实。

做一个彻底的取材者。

只去写自己理解的东西。

要用自己的语言去思考。

这些都是为了创作出"想被所有人都读到的原稿"。

即使没有直接抄袭他人的文章，心中也总有个害怕被他读到的那个人吧。然而，只要在取材和执笔的过程中问心无愧，就可以突破这种迷茫和犹豫。只要不对自己说谎，就可以写出"想被所有人都读到的原稿"。这是一场和自己的较量。

既然都费尽心思去写了，就千万不要写成那种"不好意思被人读到的原稿"。

怎样才算"写完了"

我们一直在讨论推敲，但本章到现在还没有触及一个重要的问题。我们知道了推敲的意义，知道了如何阅读一篇原稿，知道了该注意哪里，知道了如何看穿谎言，知道了怎么舍弃和削减，但推敲不是只有舍弃和删减就算完成了。

还要填补不足的地方，要思考更有趣的展开，要思考更准确的比喻，想出更完美的表达。要努力使原稿在现有的基础上更上一层楼，甚至是两层楼。换句话说，推敲就是第二轮的翻译和创作（改写）。

阅读，舍弃，删减，然后去"写"。

在推敲的过程中，写作者要成为自己的读者（取材者）、自己的编辑，最后再次回到翻译者（作者）的身份。

让我们回想一下第1章的内容。

在第1章中，我谈到了写作者专属的阅读方式：思考"它没有写什么"。在阅读别人写的文章时，不仅要想"作者为什么这样写"，还要想"作者为什么不这样写"。

这同样适用于推敲。

当看到写得不好的部分时，我会忍不住想"为什么过去的我要这么写"，感觉很难为情。而过去的自己也只能给出一些无聊的答案，像是"因为我想那么写""我只想到了这个""取材的时候他是那么说的""也不知道为什么"等。

但这并不是推敲。真正的推敲是现在的自己向过去的自己提问："你为什么没这样写？"这样写不是更清楚吗？这样写不是更准确吗？这样写不是更有趣吗？现在的我就要这样写。我把这称为"提建议式阅读"。如果你平时就注重锻炼作为读者的自己（通过能动地读书），那么在推敲时你就会浮现出许多"为什么我没这样写"的想法。请以这样的思维去阅读自己的文章吧！

"写好"原稿和"写完"原稿是非常不同的。

任何原稿，不管是谁写的，只要经过推敲就会变得更好、更有趣。只是"写好"的原稿仍有可以提升的空间。真正的原稿必须是"写完"的。擦亮它，升级它，打磨它，让它更上一层楼。只有做到这个地步，才算是"写完了"。在可以说出"写完了"之前，在可以结束推敲之前，千万不可松懈。

在下一章，也就是本书的最后一章，我们将探讨关于"写完"的话题。这是关于推敲的最后阶段的讨论，单纯只为了"写出更有趣的原稿"。

第9章 "写完"原稿

成为专业的条件

对写作者而言，怎样才算是专业？

要具备怎样的条件，才能算得上是公认的专业写作者？

和医生、律师等职业不同，写作者没有职业资格认证。从印有"写作者"字样的名片问世那天起，任何人都可以自称为写作者。写文章谁不会呢？而且事实上我们每个人在日常生活中也一直在写作，像是写邮件、写社交媒体的博文等。

我在20世纪90年代开始从事这份工作，那时候作为一个专业写作者的要求还很简单。证明自己"专业"的唯一途径就是写文章赚钱，并以此维持生计。自己写的文章被印刷出来，并且还能获得报酬，那种感觉就像是做梦一样。获得稿酬自不必说，特别是"自己文章得以成为印刷品"，是少数专业人士享有的特权。

然而，自21世纪初博客普及以来，情况发生了变化。通过联盟营销（affiliate marketing）的广告系统，任何人都可以在其个人博客上写文章赚钱。一些颇具影响力的"大V"的收入甚至超过了许多老手写作者。从付费的在线杂志到媒体平台"note"，写作者不仅可以赚取广告收入，还可以直接售卖自己的文章，整个行业正在蓬勃发展。如果说"写文章赚钱"和"以此维持生计"是成为专业人士的要求，那么写作者和博主之间的界限几乎就不存在了。

然而，写作者和博主之间还是有区别的。即使你以写博客为生，并获得了很多报酬，你也只是一个专业的博主，而不是专业的写作者，也不是专业的作家。

那么，对写作者和作家的"专业要求"到底是什么？是文章写得好吗？是名片上的头衔吗？是在哪里（媒体）写的问题吗？不，这些都不是。

——是编辑。

是有专业的编辑与作为作者的我一同工作，是有专业的编辑参与到我的原稿创作之中，是有编辑凭借其专业眼光找到了我这个作者，并给我提供了写作的机会，对我充满信心，愿意等待我的原稿。

如果有这样的编辑在身边，那么这个人毫无疑问是一位专业的写作者。只要满足了这个条件，哪怕自己的稿酬不多，哪怕无法以此为生，都可以堂堂正正地自称"专业"。这就是我的看法。

让我们在推敲的背景下去思考这个问题。

如果你是一个专业写作者，那么在"写完"一篇原稿的过程中总有编辑的参与。你不只是把原稿"交给"编辑，只有当你与编辑一起创作和打磨原稿时，原稿才能达到"完成"的状态。至少理想中是这样的。既然要考虑推敲，特别是"写完"原稿这件事本身，就不得不提及写作者和编辑之间的关系。

编辑不是你的雇主，也不是你的客户，也不像和你一起跑步的陪跑人。写文章的当然是你一个人。你在写作的时候，编辑肯定在忙别的事。他们可能在外面喝酒、约会、看电视剧，或者在盘算经费。他们不是时刻都在你身旁的陪跑人。

那么，编辑到底是何种存在？

而在推敲的过程中，应该在何种程度上参考编辑的反馈？又该如何反映在原稿之中？这些是本书最后一章的出发点，让我们共同思考"写完原稿"的内涵。

何为编辑

要给编辑这份职业下定义其实很困难。

比如，杂志编辑和图书编辑就有很大的差别。同样是一本书，可以做成文学书、实用书或者儿童书，但对编辑的要求却大不相同。还有漫画编辑和网络媒体编辑等与传统纸媒编辑大相径庭的职业，他们的工作职能和遵循的原则也大不相同。只用一句话来概括编辑是什么的话，实在是太过牵强。

然而，从作者的角度来看，可以明确地表示"我希望有这样的人担任编辑""别的地方怎么样都无所谓，唯独这个地方要做好"。也许这和与编辑自身的定义也有联系。

我希望我的编辑是个"专业读者"。这并不是要求他有多高的阅读能力或多大的读书量。我对专业读者（编辑）的定义是"知道自己想读什么的人"。

因为他们知道自己想读什么，所以才能制定企划并带头进行，由他们来设计"谁来讲、讲什么、怎么讲"。在大多数情况下，制作的内容都是从编辑的"我想读这种东西"的想法出发的。编辑不会仅仅因为自己想看就去写，事实上他们也写不了。编辑不是"想写"的人，他们是"想读"的人；编辑不是"会写"的人，他们是"会读"的人。

因为他们知道自己想读的东西是什么样的，才能给原稿添加批注（修改建议），才能指出"自己想读的"和"现在的原稿"之间的差距。这不需要具备写作技巧。

话说回来，我想每个人应该都有自己想读的东西吧。

也许是一本感动到哭的书，也许是一本刺激的犯罪悬疑小说，也许就是想读某人的新作品……但基本上，这样的需求只要去书店或者图书馆就能满足。

优秀的编辑之所以专业，是因为他们想读的东西是现在还不存在的。尽管是还不存在的东西，但他们可以隐约看到它的模样，知道要向谁寻求帮助以实现这一目标。他们甚至可以看到特定的读者对于它会是何种反应。编辑不是以预言家的目光注视未来，而是在眺望自身幻想和想象的延伸。他们的目光是幻想家的目光。

站在这一视角去考虑，我们就能明白为什么会有人对编辑有刻板印象，认为他们是群对潮流十分敏感的人。好像他们总知道现在流行什么，将来又会流行什么，然后以此创造出现在受追捧的内容——这可能是一般人对编辑的印象。编辑的头上仿佛长了根天线，一刻不停地搜寻着爆款的种子并精心培育。

　　然而，我所认知的优秀编辑们并没有在寻找什么爆款的种子，他们总是在寻找"这里没有的东西"。

　　现在这里有什么？这里又没有什么？为什么没有？我可以把它做出来吗？如果可以，我还缺少什么？我要寻求谁的帮助？需要什么样的组合才能完成我的目标？……

　　他们对潮流敏感，他们脚步轻快，这些都不是因为他们在寻找爆款的种子。他们只是在寻找一个"空位"。他们为了寻找"这里没有的东西"，所以才到处收集"已经有了的东西"。

　　由此，我们可以看到一个残酷的现实。

　　有很多编辑和网络总监追在最新潮流的屁股后面，只能拿出别人已经做过的老一套企划。不过，虽说是老一套的企划，但只要做得巧妙，一样可以有还不错的销量，提升营业额的数字。有时基于某种趋势或策略，别人可能还会高度评价某个老一套的企划。但这种老一套的内容真的是"自己想读的东西"吗？作为读者的你（编辑），真的会想花钱去读这样的东西吗？

　　不管是什么类型的编辑，在成为创造者之前，必须是一个读者。必须从"我想读什么"出发，而不是从"我想做什么"出发。正是因为"自己想读的东西"并没有以自己想读的形式存在，所以编辑们才去着手创造内容。他们设计了一套"谁来讲、讲什么、怎么讲"的方案，然后找来作家、写作者和专家（接受取材者）。"谁来讲、讲什么、怎么讲"的三角关系必须是"前所未有的组合"。下面是我的总结。

　　编辑是"专业读者"。

　　而专业读者就是"知道自己想读什么的人"。

　　而且"自己想读的东西"必须是"目前世界上还不存在的东西"。如果是"已经有了的东西",完全可以去图书馆读。如果只是重复别人的老一套,那就不是真正的"自己想读的东西"。

　　你现在想读什么？——我们希望所有的编辑们,作为称职的专业人士,都能诚实地对待这个问题。创造"自己想读的东西"才是编辑的工作。

为什么写作者需要编辑

　　现在让我们站在写作者的角度思考编辑的定义。

　　在写作者看来,内容的基本原则就是写"自己想写的东西"。即使是编辑设计的企划,写原稿时的出发点仍是"我"。不同于其他人的"我"的感受、想法和理解都将改变原稿的模样。然而,如果是编辑想要创作"自己想读的东西",那么写作者的工作就成了"把编辑想读的东西做成形",立场上就好像是分包商一样。我们该如何看待这个问题呢？

　　写作者不是分包商,不是被雇来生产"编辑想读的东西"的。把自己当成是分包商的想法对于写作者来说有百害而无一利。

　　因为作家和写作者需要的是超越"编辑想读的东西"的原稿。不仅要轻而易举地超越,还要让编辑感叹："这正是我想读的!"如果有一点把自己当成是分包商的想法,写出的原稿就无法超越编辑的预期。只有当你超越编辑的预期时,才能成为一名专业的写作者;而你为了超越编辑的预期而苦苦努力的行为,也是你与编辑合作的一种体现。

因此，写作者和编辑有必要提前相互磨合，在"想写的"和"想读的"之间寻求平衡。如果两者之间有任何分歧或冲突，合作的前提就无法成立。在委托之前以及取材结束动笔之前，有必要留出彼此见面协商的时间，在总体的方向上达成一致。如果"编辑想读的东西"很无聊，写作者可以主动提出一个更有趣的计划。重要的是双方要朝着同一个方向使劲，而不是只听从编辑的指挥，也不是把自己的想法强加于人。

在此介绍一个协商时的常见模式。

原稿的主题已确定，必要的取材已完成，原稿的篇幅已决定，截止日期也已确认，剩下的就是设计结构，开始写作。在这时，大多数写作者考虑的是"现在的自己能写什么"，而不是"自己想写什么"。取材中得到的信息，采访中出现的话语，还有交稿的截止日期，在种种条件的限制下，在"现在的自己能写什么"的范围内，再去思考内容的模样。作为专业人士来说，这是一种很自然、很现实的想法。

而编辑则一直站在"自己想读什么"的角度来考虑问题。至于别人能写还是不能写暂且不论，他们只基于"我想读到这样的东西"的想法去提出这样或那样的要求，而且其中有不少离谱的要求。然而，他们的本意也并非是想为难写作者。对于不曾从零开始写作的人（编辑）来说，他们很难真正理解写作者为了满足他们的要求需要付出多少辛苦。

这就是写作者和编辑合作的意义所在。

编辑正是因为不懂作者的辛苦，所以才能谈不负责任的理想，才能提出这样或那样让人为难的要求。结果，写作者原有的"现在的自己能写什么"就去写的倾向就被编辑拉回到了最初企划的起点，从而让写作者有机会重新思考自己是否可以再多做一点。

从各自的立场来看，没有实际去写作的编辑应该是个浪漫主义者，而一个负责去写作的写作者应该是个现实主义者；编辑是个不负责任的说大话者，而写作者是个不被允许说谎的诚实者。只有他们携手合作，才能创造出好的内容。

反馈也是取材

在写作者和编辑沟通时，最困难同时也是最重要的环节就是"反馈"。

你把写好的初稿发给编辑，编辑读完后再给你一些反馈，具体就像是"希望关于这个再多写一点""希望把那个故事写进去""这部分很难理解"之类的意见。收到意见的你，盯着原稿苦思许久，总算又做了一些修改。有时这个过程会重复多次。

一般来说，写作者都不太喜欢来自编辑的反馈。

有些意见让你无法接受，或者让你感到沮丧。"我想看到更多这样的内容"和"这部分难以理解"之类的话看上去像是修改请求，但实质上就是批评。要欣然接受所有的反馈恐怕很难。然而，写作者一方也确实存在着一些误解。为了确保与编辑建立良好的合作关系，首先必须明确各自的立场和角色。

编辑是"专业读者"，他们基于"作为读者的自己"给予反馈："作为读者的我，对这样的原稿并不满意""作为读者的我，希望看到这样的故事和这样的展开"。

有些写作者对编辑的反馈感到厌恶，是因为他们没有把编辑看作是"专业读者"，而是当成了"业余作者"。

他们心里会想：你这个写作外行，还一副了不起的样子命令我改来改去，都不知道我写文章有多辛苦；要是按你的意见重写，整篇文章的平衡就乱了……正因为他们有这样的感受，所以才会想要反驳编辑的反馈。但这种认识是百分之百错误的。编辑不是在给写作者提供"作为作者的意见"，而是在向写作者传达"作为读者的感受"。编辑是写作者的伙伴，帮写作者做的食物对味道进行把关。写作者完全没有理由因为编辑"天真"的感受而去反驳或者灰心。

那么，写作者该如何面对反馈呢？

当然了，编辑提出的意见中，有的很有道理，也有的不禁让人心生疑问。但无论如何，这都是"尝过味道"的编辑的真实意见。这个人（编辑）为什么会提出这样的要求？他为什么建议要加入那个故事，为什么他会觉得和这个故事有关系？如果你仔细研究编辑的反馈意见，一定能发现编辑"想要读的东西"。在协商时还没有达成一致的原稿方向、信息量、可读性以及读后感等，在此时变得清楚了起来。当然，编辑的反馈也未必是非遵循不可的标准答案。但在阅读反馈时，首先要试着摆脱"作为作者的自己"，回到"作为取材者的自己"，带着向编辑取材的意识问自己："他到底想读什么样的东西？他为什么会这样去读？"

然后，在充分理解编辑意图的基础之上，再以一种不同于编辑的建议（也就是要超越编辑的建议）的方式去翻译"如果是我的话会这样写"。这才是写作者和编辑之间的理想合作。

无论是多么优秀的编辑，都不可能掌握绝对客观的标准答案。

编辑的"我想读这样的东西"完全是一种主观想法。

而写作者也是根据自己的主观在进行写作。对于取材中的收获，他们也只是根据"我是这么理解的""如果是我的话会用这样的语言描述"去写作。同样，这也不存在客观的标准答案。

当这两个人（编辑和写作者）的主观相互碰撞时，原稿便发生了化学反应。如果写作者只是一味地接受编辑的意见并奉为圭臬，就不会产生化学反应。同样，如果写作者总是固执己见，完全不理会编辑的声音，也不会产生化学反应。这里是"我想读的东西"和"我想写的东西"的最终决战之地。这就是推敲，是来自编辑的反馈。

特别是像我这种主要从事图书写作的，为了完成一本书，不得不孤身一人跑完整场马拉松。在跑完40公里前后，赛道上终于出现了一个跟在我身旁的陪跑者——他就是编辑。他不是啦啦队，不是领跑人，而是作为一个竞争者在我身旁奔跑。而我为了甩开他，努力用自己的主观去与他碰撞。这就是反馈对于我的作用。在这个阶段，编辑毫无疑问是个竞争者。

正是因为有一个近在眼前的对手正试图超越我，我才会全力以赴，再给自己一点动力，告诉自己："我才不会输给他。"在激烈竞争之后，我终于冲过了终点线，还刷新了自己的个人纪录。这是写作者和编辑之间的理想合作。我不需要有人在路旁为我加油，因为只有在面临被他人超越的挑战之时，我才能突破极限。

不必对自己的编辑客气，编辑也不必对作家和写作者客气。就让我们在竞争中冲向终点，让我们的主观尽情碰撞吧。

推敲中的"如果"

假如你收到了来自编辑的反馈，告诉你："整体上有所欠缺，还不充分。"而你自己再次阅读时也有同样的感觉。虽然原稿写得不差，但就是少了些什么。具体要改哪里、怎么改，编辑不知道，你自己也不知道。你唯一知道的就是"少了些什么"。这种情况其实很常见。

在上一章中，为了说明推敲工作中的要点，我举了一个电影编辑的例子：要像电影编辑一样毫不留情地去删减，就像对待陌生人的原稿一样。然而，编辑电影和推敲之间还是有很大的区别。

在电影的编辑过程中，拍摄的工作已经结束了。摆在面前的胶片就是所有，接下来就要看电影编辑如何施展本领，进行重新构建。

而写作者可以重新写作，既可以在现有的原稿之上进行修改，也可以从头开始重写，就像重新拍摄一部电影一样。剧本可以换，原本完全没有计划过的场景可以增加，甚至主演也可以调换。客观上来说，放弃写好的一整本书的原稿，重新再去写一本也是有可能的。

当你不知道该从何下手，面对原稿整体（不仅是某一部分）有一种违和感时，当你知道这样写是不行的，却又不知道具体该怎么调整而迷茫时，请先进行一个深呼吸，然后问自己：

"如果可以把截止日期延长一个月，我会怎么做？"
"如果要从头开始重写这份原稿，我会怎么做？"

"如果要从企划的部分开始重做，我会怎么做？"

当然，现实中不仅无法延长截止日期，甚至可能还必须在周末前完成它。但是，一旦消除了截止日期的限制，有了无限的时间，你就能够开始思考："如果可以重新来过，我会怎么做？"

当不知道该从何下手的时候，大多数写作者都会以截止日期为前提，然后去思考"现在能做什么"。而这又限制了他们能做的事情的范围，缩小了想象的范围，从而无法把握全局。因此，让我们先把截止日期放到一边，从画设计图的部分重新开始。把这会耗费多少时间和精力置之度外，集中思考"怎么才能把这篇原稿写得完美"。

写作者不是小时工。

对读者来说，看到的原稿是花了 10 天时间才写出来的还是只花了一天时间就写出来的，都不重要。"我很努力地写了，但没有人赞赏""我花了这么多时间，但没有人肯读"之类的案例不胜枚举。也有在截止时间前两小时内才写好的原稿备受好评的情况。无论写作者投入了多少时间，世人只会在乎原稿写得是否有趣。

"花了 10 天时间写的原稿就要有对应的表彰和奖励"，这是典型的手里拿着考勤卡的小时工的想法。要求基于时间和努力获得认可和奖励也属于小时工的想法。只要写作者不靠时薪生活，他就必须摆脱时间和努力的束缚。那么，当这个想法走到极端时会发生什么呢？我的结论如下。

写作者不能计较投入的时间和努力。

换句话说，时间和努力对于写作者来说，意义基本为零，是免费的。

请把自己当成自己的雇主。不论怎么使唤，不论找多少麻烦，不论在最后一刻怎么翻脸，你都不用为自己担心，甚至不用给自己额外的报酬。这就是我说的不要计较时间和努力的意思。这就是为什么我可以毫不犹豫地舍弃一份原稿，哪怕我为它花了一个月时间。

我甚至可以在全面大改的层面上去推敲，向"作为作者的自己"不断提出批评。作为世界上最任性的读者，我可以把各种不可能的挑战摆在自己面前。这不是个人胆识的问题，而是因为投入的时间和努力在事实上就是免费的，没有价值。而由于它是免费的，我们才可以"随便驱使"。

历史没有"如果"，但推敲有。比如，延长（不是超过）截止日期也在"如果"所代表的可能性之中。

截止日期是作为专业人士做出的严肃承诺。而违背承诺，说明白点就是违反合同，是违反职业道德的行为。经常性地违背承诺不仅会使自己失去周围人的信任，而且会把自己变成一个不诚实的人，连对自己的承诺都无法遵守。遵守截止日期、履行承诺是做人的本分。但既然是承诺，那么只要双方都同意，就可以重新缔结。

如果将已付出的和即将付出的努力置之度外，那么全部重写也是可以做到的。我知道这听起来有些疯狂，但我认为要完成一部原稿，总要经历某种疯狂。

提不起劲的真相

无论是在写作还是在推敲，总有无论如何都提不起劲的时候。

任何人都有写作（或者重写）进入瓶颈的时候，做什么都成了苦差事。不知道应该写什么，也憋不出任何的想法。你感到很沮丧，什么都不想做。许多人认为这是干劲的问题。的确，因为这种时候就是提不起劲。

然而，干劲并不是写作或推敲的先决条件。换言之，不是有了干劲就能写出有趣的原稿，而是原稿写得并不有趣才丢了干劲。如果原稿很有趣，你会沉浸在其中，废寝忘食。

因此，当你提不起劲的时候，盯着（陷入瓶颈的）原稿苦思冥想也没什么意义。不管你是去喝杯咖啡，还是去散个步，休息回来后结果都一样。在创作领域，人们经常说"出去散步或者洗个澡能想到好主意"，但这只能提升"原本就有趣的原稿"。无趣的原稿需要的不是灵光一闪，而是在设计层面重新思考。当我怎么也提不起劲的时候，也就是下意识地察觉到自己的稿件无趣的时候，我都会回到设计层面去反思。

"本来不是很有趣的吗？"

当我在计划这个项目的时候，想象中的样子不是很有趣的吗？当我如愿以偿地进行取材的时候，不是很欣喜吗？当我从那个人那里听到这个故事时，不是很感动的吗？我不是在心里发誓，一定要把这些内容传达给所有人的吗？当我终于开始执笔创作时，心中暗想："这原稿写出来肯定很有趣！"那时的自己不是很兴奋的吗？

把笔记、企划案、采访录音、电子邮件等都翻出来吧，回想一下当初那个为了写稿而兴高采烈的自己。想一想，如果"那时的自己"读了现在的原稿，会作何感想？由此，肯定可以找出一些根本性的错误。

当回忆起那时的感受时，再问自己：

"我是不是可以写得更有趣些?"

每个写作者应该都有自己引以为豪的杰作。一定有几篇自己过去写得很有趣的文章（或者个人的练笔），让你有足够的自信分享给别人。不妨先把它们重读一遍，把你曾经发挥了百分之百的实力写成的原稿认认真真地读一遍。

当然了，那些原稿肯定比眼前的（陷入瓶颈的）原稿有趣得多。不仅主题有趣，而且写得非常愉快和轻松，可以让读者感受到作者创作时的喜悦和兴奋。光是把它们读一遍就能让自己回想起创作它们时的欣喜之感，仿佛那时的自己无所不能。

渐渐地，开始意识到自己现在的写作是多么僵硬。既然当时的自己能做到，那么现在的自己应该也能做到!

相信自己一定能像当时那样充满自信地写作，毫不在意他人的眼光，决不退缩——这是我每次重读自己以往的"小杰作"时的想法。这种转换心情的方式可比喝杯咖啡和散个步有效得多，它是一种高质量的自问自答。

这个企划其实可以更有趣，我也可以写出更有趣的东西——这不是自恋，是事实。

推敲的最后阶段要看什么

有些原稿并没有到需要重新画设计图的程度，但就是让你觉得不太合适，觉得可以再有趣一点。这样的原稿已经非常接近完成了，但又无法让你说得上满意。这种情况下，只有把"朗读、异读、笔读"重新来一遍。

如果你的原稿有一定的长度，那对你来说肯定就有"写得好的地方"和"写得辛苦的地方"。在推敲阶段，你通常会注意那些"写得辛苦的地方"，反复修改措辞。因为"写得辛苦的地方"往往在表达上显得相对笨拙，或者在论证上显得相对牵强。

然而，我在推敲的最后阶段，一般会把重点放在"写得好的地方"。我会重点关注写得好的地方、自己喜欢的地方、写起来畅通无阻的地方，以及编辑的反馈中完全没有提及的地方。

因为很有可能我在反复的推敲中不自觉地跳过了它。尽管它还有提升的空间，但我却没有认真地对待它。很可能原稿整体上的节奏和风格已经因为多次推敲而改变了，但唯独那些"写得好的地方"被原封不动地保留了下来。在许多情况下，有的部分虽然当时写得很好，但最终在整体上却显得突兀、不协调。

此外，那些写起来畅通无阻的地方因为当时没有为了如何措辞而纠结，所以很有可能在表达上落入俗套。对写作者来说，重视速度写出来的原稿不会在文字上纠结，往往就像是一份速记。那些写作速度越快的人，越要注意这一点。不妨多去思考是否可以换种表达，是否可以加入不一样的事例，是否可以用个自己以前从未用过的词。

通过推敲，我们想要追求的是"丰富的文章"，即语言丰富、展开丰富、事例丰富、修辞丰富。

"丰富的文章"不能从头到尾只有一个调，需要充满多元化的表达。换句话说，就是"表达稀缺性"很高的文章。依赖通俗的表达方式，虽然可以让文章易于阅读，但不能使其丰富。

修改原稿中"不好的地方"只是推敲的初期阶段。

推敲的最后阶段才是审视原稿中"写得好的地方"，对其进行润色，让它更上一层楼。请允许我再次强调，推敲不是找错。

做个自信的人

对任何人来说，推敲都是一个令人沮丧的过程。

包括编辑的反馈在内，当我们面对自己"写得不好的地方"并不断修改时，内心难免会逐渐失落。如果每一次修改都能切实感到原稿在提升的话那倒还好，但现实中改着改着就走进死胡同才是常态。即使我这样的老手在平日的写作中都有这种感觉，我想那些年轻的写作者在推敲过程中肯定会更迷茫吧。因此，在结束最后一章之前，我想先讨论一下"心"的问题。虽然听起来可能有些唯心论，但我还是想谈谈。

正如我之前多次提到过的，我并不觉得自己在写作方面有什么天赋。各个年龄段都有写得比我好得多的写作者。每当我认识那些写作高手时，我都会被提醒：我只是个普通人。

这是我的真心话，没有半分虚假。

我的能力水平在哪里？我可以做到什么，又做不到什么？我和自己崇拜的人有多大差距？冷静地看清"自己所处的位置"当然很有必要，但我认为，相信自己才是最重要的。我甚至认为这是身为写作者所必备的力量。

自信不是虚张声势。虚张声势是对他人、对世界说大话，是一个人软弱的反证。自信是在自己的头脑中悄悄建立起来的东西，不需要说出口或向外展示。只要你自己那么认为，那便足够了。

抛开技巧层面不谈，我认为一篇好的或者有趣的原稿是由一个人的自信决定的。不要让反复多次的推敲（即别人的批评）击倒你。自信是推敲过程中的最后一道关口。

藤子不二雄 A[○]在其名作《漫画道》中描写了一个场景。漫画之神手冢治虫和才华横溢的石森章太郎，他们的共同点就是绘画技巧高和绘画速度快。他们到底如何以这么快的速度画出这么多的画？藤子不二雄 A 的回答如下：

"画漫画的速度，人和人之间有很大差距！"

"有的人平均一小时就能画好一页，有的人则需要几个小时才能画好一页。"

"但总体上来说，快的人天生就快！"

"当然了，画的密度也会影响到速度。"

"手冢老师和石森章太郎的画不仅密度大，画的速度还很快！"

"为什么一般人和他们有那么大的差距？"

"说到底，快与慢的区别就在于画线时信心的有无！"

"专注而自信地画出来的线条更快、更干净！"

"带着迷茫画出来的线和带着自信画出来的线，看它们的速度就清楚了！"

○ 本名安孙子素雄，藤子不二雄 A 是其笔名。曾经与藤本弘长期共用藤子不二雄这一笔名发表作品。——译者注

引自《漫画道》（藤子不二雄A，小学馆出版），第二十四卷

不仅画漫画会如此，写作时的不安和迷茫也会如实地反映在文章之中。就像漫画的线条会偏移一样，写文章也有迷路的时候，写得过于冗长。与写作技巧无关，文章最好是作者带着满满自信一气呵成。写作开始前深思熟虑，写作开始后一泻千里，这是写作的基本。

在推敲的过程中，我会问自己：

"你的话是不是可以更多？"

"你的能力不止这点吧？"

虽然现在的原稿质量足够好了，但你（自己）一定可以做得更好。其他写作者可能在这一步就停笔了，编辑可能对此就心满意足了，但你（自己）还会继续下去，朝着更高处进发，因为那可是你（自己）啊！这不是对自己的技巧和才能的自信，而是对自己这个人的信赖。我总是告诉自己："要是这点程度就满足了，那还是你吗？"

从导言一路读到这里，有的写作者可能已经失去了信心，觉得这太难了，要考虑的东西太多了。他们因觉得自己肯定做不到而准备放弃，感到过往的自己被完全否定了。

但是请这些快要放弃的写作者好好想一想，你为什么会成为一名写作者？或者你现在为什么想成为一名写作者？你为什么非要写点什么东西呢？

因为喜欢写作吗？

因为喜欢书吗？

因为语文成绩好吗？

因为想找一份创造性的工作吗？

不是，绝对不是。

没有任何根据，你就是冥冥之中觉得"我好像也能做到"，所以你才想成为或者已经成为一名写作者。对于其他职业，如钢琴家、画家、外交官和职业棒球运动员，你并不会产生"我好像也能做到"的想法。但对于写作，你就是觉得"我好像也能做到"。虽然没有任何根据，但不知为何你就是这么觉得。我自己也是如此。尽管我以前没有什么成绩，而且原来的工作还是在眼镜店当店员，但我就是觉得"我好像也能做到"。因为我"轻视"了（在积极正面的意义上）写作者的职业，所以我才敢闯入这个世界。是的，当你想成为写作者或者自称为写作者时，你就已经是一个"没有根据的自信者"。

写文章是一份孤独的工作。

无论多么困难都没有人帮助你，也无法帮助你。你必须成为一名潜水员，探寻意识的最深处。这是一片冰冷、阴暗、寂静、无人的深海。任谁看了都想要放弃，回到有光亮的海面上去。身处其中的你会想要回到陆地上，吃上一顿温暖的饭。

此时此刻，只有一条救生索可以让自己"在极限之外再潜入一米"。

是自信。不是毅力，不是天赋，也不是编辑，而是信心，是对自己的信念。

我能做到，我能走得更远，我一定能触摸到深渊中的某些东西——就是这种毫无根据的自信，允许自己"在极限之外再潜入一米"。

做一个自信的人。写文章时毫不犹豫，推敲时相信自己。

我可以保证，你已经有了一种"近乎傲慢"的自信。虽然可能是自以为是、自不量力的自信，但这正是最重要的东西，是你最后的根据地。

原稿怎样才算完成

总结本书的时候终于到了。

经过认真取材，考虑结构，一个字一个字地推进原稿，又重复了多轮推敲，终于到了"写完"的时候。但到底怎样才能说"写完了"呢？在本书的最后，我想谈谈这个问题。

托尔斯泰是出了名的推敲狂人。他在晚年编纂最后一本文集《阅读圈》时，仅序言就修改了100多次。而在翻译成日文的平装版中，序言仅仅只有两页长。第1稿、第30稿、第70稿和最终稿之间究竟有多少变化，我们无从得知，甚至没有多少变化也不无可能。然而，按道理说，推敲越多原稿越好。虽然我们做不到像托尔斯泰那样，但最好还是把推敲重复5～10次，多多益善。推敲就是这么回事。

那么，推敲到底要做到什么地步才算结束？

达到怎样的状态，才可以说"写完了"？

是找不到任何可以批注的地方的时候吗？是编辑给出很高的赞赏的时候吗？是临近截止日期的时候吗？

对我来说，答案是当原稿中看不见"我"的踪迹的时候。

也就是说，是当构成原稿的一切都让人觉得"文章本天成"的时候。

写作时所有辛苦的痕迹、迷茫的痕迹、没有自信的痕迹、东拉西扯的痕迹、明显的个人习惯的痕迹，全都不见了，甚至让你不禁心想："这真的是我写的吗？"当原稿看起来有这样的感觉时，推敲才终于结束了，才可以说一句"写完了"。

在导言中，我曾说写作者就是"空壳一般的存在"。我还提到，写作者即取材者，通过取材才终于有了"应该写的东西"。对于取材者来说，原稿是一种回应，一种写给所有在取材中提供过帮助的人和事的回应。

"这是我的理解。"

"这是我听下来的感觉。"

"这个部分打动了我。"

"我想用这样的语言和这样的方式去描写它。"

"因为我想让你的想法尽可能地传递给更多的人。"

对身为取材者的写作者来说，这就是原稿的意义。我并不打算动摇这一观点。

但是，请想一想。

如果写作者的原稿是回应，那么收件人就是"为取材提供过帮助的你"。作为作者的"我"现在正在给为取材提供过帮助的"你"写一封回信：我是这样理解你的话的、我是这样认为的、是我的话会这样写……在某种程度上这算是一封私人信件。这样的内容是否可以向大众公布，是个比较微妙的问题。

因此，写作者要不断推敲，直至原稿中看不见"我"的踪迹。要反复打磨原稿，让写作者自己觉得"这好像不是我写的"。"文章本天成"是推敲的终极目标。

最终完成的原稿也不再是"我写给你"的私人信件，而是一封"我们写给读者"的重要信件。为什么？因为"我"从原稿中消失了，作为写作者的"我"和为取材提供过帮助的"你"已经融为一体。也就是说，"我写给你"的私人信件（回应）最终成了"我们写给读者"的信件（内容）。

后　记

在正式进入后记之前，我想谈谈本书的创作过程。

如果把写作者定义为取材者，那么本书的定位就有些模糊不清了。因为创作本书时，我并没有采访任何人。作为参考资料而阅读的书籍，与其说是专门取材，倒不如说是从自己的记忆中搬出来的。虽然我自称是一个取材者，但这本书可能看上去却像是未经任何取材，仅凭个人想法写成的。

事实当然不是这样。

这一次，我作为取材者向"作为写作者的古贺史健"进行了取材。

我听取了他关于"取材、执笔、推敲"的想法，问了他很多问题，并努力理解他。我在抽象中寻找具体，探寻并思考写作与其他事物的类似之处。我以逻辑为轴，不断地进行翻译。这就像是一种数模转换，不过这里转换的是语言和逻辑。

我仍然按照往常的模式去创作（身为取材者的写作者），只不过碰巧取材的对象是自己罢了。尽管我为此花了近三年的时间，但在这个过程中我学到了很多，重新审视了自己的种种想法。

接着来谈谈我创作本书的动机。

简而言之，是两个"没有"在驱使着我进行创作。尽管我知道一旦开始创作便有许多的辛苦和麻烦在等着我，但作为两个"没有"的发现者，我有责任去写，且不得不写。这两个"没有"，一个是"没有前辈"，另一个是"没有教科书"。

正如我在正文中提到的，作为一个写作者，我没有得到任何来自前辈的照拂。几乎没有人手把手地教过我如何取材、执笔、推敲，完全靠我自己"有样学样"，我只能在一次次的实践中去学习和思考。而且我可以想象，今天许多从事编辑和写作者工作的人都在因为"没有前辈"而叹气，就像当年的我一样。

不仅出版行业如此，这是许多其他行业也存在的结构性问题。

一般来说，优秀的创作者都会离开原本的组织，选择单干。他们越是优秀，就越是选择自力更生，选择一条没有老板、前辈和下属的路。而且如果真的足够优秀，单干甚至可以比在组织工作时收入更高。那感觉就像是"一国之君"，自由自在。

但是，那个人长期以来积累的知识、经验、技术和网络又会怎样？

它们将找不到人来继承，就像是配方不明的"秘制酱料"最终烂在发明者的手里一样，因为他们没有可以继承知识和技能的下属或者后辈。除非有紧迫的必要把知识和技能传给下一代，否则他们不会将自己的工作体系化或是组织成语言。

结果，大多数创作者虽然开出了绚丽的花朵，但没有留下任何种子，就这样枯萎凋亡了。他们让那些伟大的知识和经验终结在了自己的手里。这实在是太可惜了。

于是，我在2015年创建了一家名为"BATONZ"的公司。它既不是一家出版社，也不是一家编辑制作公司，而是一家写作者们专属的公司。所有年龄段的写作者都可以通过加入或离开这家公司来传递"接力棒"，继承前辈们的知识和经验。这就是公司取名为"BATONZ"的原因。

三年后，为了创造更多的"相遇"，我决定创建一所"学校"来培育更多的写作者。哪怕只能在私塾之类的小地方办学也没关系，总之先把学校建起来。学校会教授企划、取材、编辑、执笔、推敲等所有相关内容。它不是一所"写文章的学校"，而是一所"写作者的学校"。这就是我决心要做的事。

然而，号称"培训写作者和编辑"的学校已经有好几所了。这些学校拥有由著名作家、知名编辑和畅销作家组成的明星师资。我本人也曾被邀请到其中一些学校授课。然而，我看不出这些学校对学生的帮助有多大。说实话，我并不认为它们能提供比回忆和人脉更有价值的东西。课程设置模糊，讲座的内容由讲师决定，当然讲座的质量也参差不齐，作为学校的"编辑"好像也没有发挥作用。那么，这些学校到底为什么发挥不了作用呢？

我的答案是：没有教科书。

如果真心想建一所学校，首先需要有教科书。那些学校之所以在自我满足和建立人脉的框架之内止步不前，是因为没有教科书。正是因为没有教科书，所以课程不连贯，讲课内容也不固定、不平衡。在建立学校之前，先做一本教科书吧。

于是，下定决心的我便开始着手创作本书。我想做一本可以培养下一代写作者的教科书，同时又要兼具一般读物的有趣性。那已经是三年前，即 2018 年 4 月时的事了。

从我异常长的创作时间也可以看出，这是一项艰难的工作。

编写某一领域的教科书，就是要从科学的角度来重新审视它，并把它确立为一种可以学习和研究的学问（普遍化和系统化）。有一段时间，我一直被"创作一本给写作者的教科书"的概念所束缚，以至于迟迟没有进展。后来，我抛弃了原先的概念，把"如果要办一所培训写作者的学校，那我会希望有这样一本教科书"作为新的概念。此时的我可以按照自己的主观意愿去思考了，于是我的创作一下子就快了起来。

所以，本书算不上是一本中立的教科书，更不是什么"写作的圣经"。

这本书是我的接力棒，这根接力棒塞满了我对"取材、执笔、推敲"的所有思考。我已经走到了我认为可以走到的最远的地方。十年后，甚至二十年后再读本书，我想你仍会同意我的看法。这是一本让我此生无悔、引以为豪的书。

在本书中，我介绍了很多技术和方法，但没有介绍过任何一条技巧。对我来说，技术是可以去思考、完善、改进的东西，而技巧只要掌握了就结束了。

因此，我一点也不希望本书能帮那些想要写作的人"省去思考的麻烦"。如果可能的话，我希望本书能鼓励你用自己的头脑和自己的语言去思考比以往更多的事情。有一天，当你成为某人的前辈时，我希望你可以把接力棒传给下一个跑者。接力棒的存在是为了传递，写本书也是为了代代相传。这就是书的本质，而这本书能否发挥接力棒的作用，则取决于你。

最后，我想感谢所有参与完成本书的人。

柿内芳文，为我提供支持的编辑，近三年来一直是我最大的理解者（竞争者）；钻石出版社的今泉宪志，感谢他的宝贵建议和热情支持；水户部功，本书的装帧设计师，因为他的设计，本书才有可能经得起百年考验；堤淳子，本书的插画师，总是以极大的热情和恰到好处的理解回应我的需求；字体设计师绀野慎一，他从项目一开始就挺身而出，坚持不懈地支持我，直到最后；还要感谢所有将这本不算短的书读到最后的读者朋友们。

对以上所有人，在此表示由衷的感谢。